Max Dessoir

Das Doppel - ICH

Max Dessoir

Das Doppel - ICH

ISBN/EAN: 9783741169946

Hergestellt in Europa, USA, Kanada, Australien, Japan

Cover: Foto ©berggeist007 / pixelio.de

Manufactured and distributed by brebook publishing software
(www.brebook.com)

Max Dessoir

Das Doppel - ICH

DAS

DOPPEL-ICH

VON

MAX DESSOIR

ZWEITE, VERMEHRTE AUFLAGE

LEIPZIG

ERNST GÜNTHERS VERLAG

1896

VORWORT.

Die Erweiterungen, durch die sich diese neue Auflage von der ersten unterscheidet, finden sich zum Teil schon in einer Abhandlung niedergelegt, die ich vor einigen Jahren in der „Vierteljahrsschrift für wissenschaftliche Philosophie" veröffentlicht habe. Heute wie damals kommt es mir darauf an, eine Anzahl von Thatsachen zu berichten und in einer ganz bestimmten Weise zu erklären. Dass auch andere Deutungen möglich sind, haben die zahlreichen Auseinandersetzungen bewiesen, die sich an die Hypothese des Doppelbewusstseins angeschlossen haben; jedoch glaube ich den Leser durch meine Darstellung überzeugen zu können, sobald er nur mit mir von der Voraussetzung der Psychologie als einer selbständigen Wissenschaft ausgeht und die Notwendigkeit psychologischer Hilfsbegriffe anerkennt. Die grundsätzlichen und beachtenswerten Einwände sind derart berücksichtigt worden, dass ohne Angabe von Namen der Gedanke an der geeigneten Stelle geprüft wird. Eine eingehendere Kritik abweichender Meinungen hätte die Schrift unnötig belastet und den gegebenen Zusammenhang zersprengt.

BERLIN, 8. Februar 1896.

MAX DESSOIR

Dr. phil. et med.

Der Satz von der erstaunenswerten Unbegreiflichkeit hypnotischer Erscheinungen hat letzthin viel von seinem Ansehen eingebüsst. Psychologische Untersuchungen haben uns gelehrt, in welcher engen Verbindung die Vorgänge während der Hypnose mit seelischen Prozessen im normalen Zustand stehen, und daraus ist ein neues Verständnis für die eigentliche Natur der Somnambulie erwachsen.

Dementsprechend werden wir nach einer allgemein gehaltenen Übersicht in aufsteigender Betrachtung zu erweisen versuchen, dass die menschliche Persönlichkeit sich aus mindestens zwei deutlich trennbaren Sphären zusammensetzt, die jede für sich durch eine Erinnerungskette zusammengehalten werden. Das erste Glied der dabei zu verfolgenden Entwickelung wird durch Erfahrungen des täglichen Lebens gebildet; das zweite durch klinische Beobachtungen an Nerven- und Geisteskranken; das dritte durch Versuche an Hypnotisierten. Aus dem so gewonnenen Material wird alsdann einerseits die oben angedeutete Auffassung von der Natur unseres Ich gefolgert, anderseits eine neue Begriffsbestimmung der Hypnose.

Da ich nicht überzeugen, vielmehr bloss anregen will, kann ich mich kurz fassen. Ich bin jedoch der sehr bestimmten Ansicht, dass, sollten selbst alle Aufstellungen einst als trügerisch erkannt werden, ihre Irrtümer der Wissenschaft mehr Förderung gewähren, als das anderwärts beliebte System der dünkelhaften Nichtbeachtung.

I.

Wenn man vor vierzig Jahren auf den Jahrmarkt ging, konnte man die Massen mit Vorliebe in zwei Buden strömen sehen. Die eine trug den stolzen Namen „Museum wilder Völker", die andere nannte sich „Magnetisches Kabinet". Trat man ein, so fand man in jener eine mehr oder weniger gut geordnete Sammlung von allerhand Kuriositäten, in dieser eine scheinbar schlafende Frauensperson, welche Diagnosen stellte und die Zukunft voraussagte. Sicherlich dachte keiner der Besucher, hier die Anfänge zweier Wissenschaftsbezirke, der Ethnologie und eines Zweiges der Psychologie, vor sich zu sehen; und doch haben sich beide aus diesen bescheidenen Anfängen heraus entwickelt.

Wenn ich naturgemäss an dieser Stelle darauf verzichten muss, die Entwickelung der Völkerkunde zu schildern, so kann ich mich auch für die Geschichte des Hypnotismus und der verwandten Erscheinungen auf eine ganz kurze Skizze beschränken, weil es zunächst bloss auf ein Verständnis der jetzigen Lage ankommt.[*])

So lange die hypnotischen Erscheinungen ganz und gar dem Aberglauben verfallen waren, blieb die Beschäftigung mit ihnen in den Händen von gewinnsüchtigen Betrügern oder neugierigen Dilettanten. Es gehörte ein gut Stück moralischen Mutes dazu, als einzelne Forscher in wissenschaftlicher Absicht des missachteten Gebietes sich annahmen. Braid, Richet, Heidenhain und viele andere haben sich dadurch ein wirkliches Verdienst erworben. Über die Untersuchung somnambuler Zustände hinaus ging Chevreul, der greise Chemiker, indem er die „Wünschelrute" prüfte und die Erfolge der *„baguette divinatoire"* 1854 als Wirkungen unbewusster Seelenthätigkeit nachwies. Er stützte sich dabei auf Condillacs Unterscheidung des *moi d'habitude* von dem *moi de*

---

[*]) Wer sich näher darüber unterrichten will, findet das Nötige in Dr. Albert Moll's „Hypnotismus" (3. Aufl. 1895) Kap. 1. Vgl. auch meine „Bibliographie des modernen Hypnotismus" (Vorbemerkungen).

réflexion. Dass auf dem Prinzip der Wünschelrute auch die mediumistische Schrift der Spiritisten beruhe, das ergab sich aus der langjährigen Arbeit der Londoner „*Society for Psychical Research*". Die Bemühungen G u r n e y s und M y e r s', den Thatsachenkern aus der gefährlichen Nachbarschaft halbreligiöser Theorien herauszulösen, fanden wenig Beifall: die *Proceedings* der englischen Gesellschaft erfuhren kaum je eine andere Kritik als die oft wiederholte Behauptung, die Versuchspersonen, an denen experimentiert wurde, wären entweder gekaufte Sujets oder schlaue Simulanten. Bei uns gar sind alle verwandten Bestrebungen im ersten Anlauf stecken geblieben.

Woran liegt es nun wohl, dass die Erforschung der abnormen Seelenerscheinungen gerade in Deutschland vernachlässigt worden ist, dass wir in dieser Beziehung so erheblich hinter Frankreich und England zurückgeblieben sind? Drei Gründe scheinen hierfür massgebend gewesen zu sein. Die niedere Herkunft dieser Disziplin mag manchen abgeschreckt haben: es ist nicht jedermanns Sache, sich mit Dingen zu beschäftigen, an denen der Fluch der Lächerlichkeit haftet. Was auf öffentlichem Podium von umherziehenden Gauklern gezeigt, von Spiritisten und Phantasten in ihren Zirkeln angebetet wird, das soll des Studiums ernster Männer wert sein? Man könnte mit der Gegenfrage antworten: Ist die Ethnologie etwa deshalb keine Wissenschaft, weil sie aus Jahrmarktssammlungen hervorgegangen ist? Gerade daraus, dass mit gewissen Thatsachen Unfug getrieben wird, entsteht für den Forscher die Verpflichtung, sie zu prüfen. Ich halte es für verdienstlicher, ein spiritistisches Wunder zu erklären und dadurch Hunderttausende von einem Irrwahn zu befreien, als mit gewaltigen Zahlenbataillonen die spezialistischen Probleme zu belasten. — Ein zweites Bedenken liegt in der oft behaupteten Gefährlichkeit der Hypnose. Man scheut sich, die Hypnose zum Zwecke experimenteller Untersuchungen hervorzurufen, da man den Versuchspersonen zu schaden fürchtet. Hiergegen ist zu erwidern, dass nach dem übereinstimmenden Urteil aller Sachkenner die Einleitung hypnotischer Zustände nicht die mindesten Gefahren bietet — wenn anders sie richtig vorgenommen

1*

wird.*) Man muss daher von dem Psychologen, der sich dieses
Mittels zur Dissoziation der seelischen Funktionen bedienen will,
sowohl eine gründliche medizinische Vorbildung als auch eine
wohlausgebildete Technik des Hypnotismus verlangen. Nun, ohne
die erste wird der moderne Psychologe heutzutage überhaupt
schwer auskommen, und die zweite kann er in Nancy, Zürich,
München, Berlin u. s. w. ebenso gut lernen, wie er die Handhabung des Chronoskopes lernen muss. Dass Untersuchungen am
lebenden Menschen weit schwieriger und verantwortlicher sind,
als Arbeiten mit den Apparaten, bedarf keiner Erörterung; es ist
deshalb weder zu wünschen noch anzunehmen, dass junge
Studenten sich zu diesem Zweck massenhaft ansammeln möchten.

Es bleibt ein dritter Punkt, wichtiger und berechtigter als
die vorher besprochenen. Es handelt sich nämlich darum, ob
die Untersuchungen an Hypnotisierten, an den automatisch
Schreibenden bezw. Sprechenden überhaupt eine psychologische Ausbeute gewähren können, ob sich also eine ernst-
liche Beschäftigung mit diesen Dingen verlohnt. Es wäre ver-
messen, mit einem unbedingten „Ja" entscheiden zu wollen. Wir
haben freilich eine Anzahl schöner Erfolge zu verzeichnen, ob-
gleich die Bemühungen im Grunde erst zehn Jahre zurückreichen,
aber wir übersehen das neuentdeckte Land zu wenig, um mit
Sicherheit das Vorhandensein weiterer fruchtbarer Striche behaupten
zu können. Die Wahrscheinlichkeit spricht wohl dafür; so viel
können wir auch bei grösster Zurückhaltung sagen. Übrigens
steht es auf anderen Gebieten ganz ähnlich. Was die numerisch-
experimentelle Forschung bisher an wirklich sicheren Ergebnissen
geliefert hat, ist doch nicht eben viel, und was sie in Zukunft
leisten wird, lässt sich gleichfalls kaum voraussehen. Daher mag
es wohl richtig sein, den Versuch zu wagen und unbekümmert
um die Grösse des Gewinns die Arbeit fortzusetzen. Ein
Vorteil erwächst jedenfalls aus dem Studium anomaler (aber
noch nicht pathologischer) Prozesse des Seelenlebens: der,

---

*) Vgl. Moll a. a. O. S. 245 ff. u. S. 295 ff., sowie Forels und
von Schrencks Broschüren über den Hypnotismus.

dass der Blick für die Bedeutung der normalen Vorgänge geschärft wird.

Wenn aus dem Vorangegangenen, wie ich hoffe, die Berechtigung des wissenschaftlichen Psychologen zur Beschäftigung mit dem Hypnotismus hervorgegangen ist, so erübrigt noch ein Hinweis auf die gegenwärtig vorhandenen Hilfsmittel. Das Versuchsmaterial rekrutiert sich aus dem Forscher selber, den Hypnotikern und den Nervenkranken gewisser Klassen. Was den Psychologen betrifft, so kann er Veränderungen von Bewusstseinszuständen an eigenen Träumen vortrefflich studieren; er kann ferner durch leichte Intoxikationen Veränderungen setzen, die der Selbstbeobachtung reiche Aufschlüsse bieten, ja er braucht bloss die einfachsten Vorgänge experimentell zu prüfen, um Licht in die scheinbar so verwickelten Prozesse des abnormen Seelenlebens zu bringen. Man stecke beispielsweise die Uhr in die rechte statt in die linke Westentasche und beobachte, wie oft fehlgegriffen wurde, bis die automatische Bewegung sich richtig vollzieht: dann hat man einen zahlenmässigen Massstab für das, was ich Dressur des Unterbewusstseins nennen würde. Freilich so lange die Psychologen sich pflichtgemäss mit allen möglichen ihnen ferner liegenden Angelegenheiten beschäftigen müssen und besonders, so lange sie die anti-naturwissenschaftliche Scheu vor dem unmittelbaren Experiment behalten, so lange wird von dem Aufschwung der Seelenkunde zu einer auf den Versuch gegründeten exakten Wissenschaft nicht die Rede sein können. Es ist Wundts unsterbliches Verdienst, dass er die experimentelle Bearbeitung psychologischer Probleme erfolgreich in Angriff genommen hat; nur glaube man nicht, dass sich solche Untersuchungen auf Laboratorien beschränken müssen.

Ausser an sich selbst kann der Psychologe für Fragen der hier zu behandelnden Disziplin an Hypnotisierten experimentieren. An ihnen beobachtet er *par excellence* den seelischen Automatismus, die Herabsetzung oder Erhöhung einzelner Fähigkeiten, die Ausschaltung von Vorstellungen, die Merkmale des Traumbewusstseins, die Entstehung einer gesonderten Gedächtniskette und einer zweiten Persönlichkeit. Er vermag hier dem Seelenmechanismus gewissermassen in die Karten zu blicken und mit einer unvergleichlichen Leichtigkeit seelische Zustände zu verändern; er erzeugt Seelentaubheit und Hyperakusie, Herabsetzung und Erhöhung der Intelligenz, Liebe und Hass, alles jedoch bloss vorübergehend. Darin liegt aber auch ein grosser Vorteil. Während wirkliche Gesundheit und Krankheit uns die Objekte als starre Grössen oder wenigstens in langsamer Veränderlichkeit bieten, besitzen wir hier die Möglichkeit, nach Belieben schnell einen Wechsel eintreten zu lassen und die Funktionsänderungen zu variieren. — Ähnlich verhält es sich mit den Hysterischen. Insbesondere sind es die Anästhesien und Bewegungsstörungen „ohne organische Basis", welche wegen ihrer Ähnlichkeit mit den gleichen Erscheinungen beim normalen Menschen in Zuständen der Zerstreutheit und Benommenheit und mit den hypnotischen Phänomenen eine ergiebige Versuchsgelegenheit bieten. Dabei darf freilich nicht verschwiegen werden, dass in Deutschland die Anzahl solcher Kranken weit geringer zu sein scheint als etwa in Frankreich.

Zu den Hilfsmitteln auf unserem Gebiet rechnen nun ferner die litterarischen Quellen. Die Beschreibung der bisher gehörigen Thatsachen, als durch welche das erste Stadium in der Entwickelung jedes Wissenschaftszweiges gekennzeichnet wird, liegt vor in dem bereits genannten Werke Molls: „Der Hypnotismus". Die Aufsuchung dagegen des Kausalzusammenhanges dieser Thatsachen und ihrer Gesetze befindet sich noch in den allerersten Anfängen. In Ländern deutscher Sprache kenne ich kaum einen Fachmann, der sich ernstlich damit beschäftigt hätte; das Wenige, was wir besitzen, verdanken wir den Ärzten Forel, Krafft-Ebing, Moll, Schrenck und dem Juristen von Bentivegni. Reicher hat sich in England und Frankreich die Thätigkeit entfaltet. Unter der Leitung Sidgwicks, des bekannten Philosophieprofessors von Cambridge, hat die *Society for Psychical Research* umfassende Untersuchungen angestellt und an Galton und Tuckey bewährte Mitarbeiter gewonnen. In Paris haben Charcot und Richet eine *Société de psychologie physiologique* gegründet und im Sommer 1889 einen internationalen psychologischen Kongress einberufen,

die sich beide auf die neue Disziplin konzentrierten. Als Ribot
den für ihn geschaffenen Lehrstuhl der experimentellen und vergleichenden Psychologie bestieg, rühmte er den Hypnotismus als
ein Hauptmittel künftiger Arbeiten, und Beaunis, der Gründer
des ersten französischen Institutes nach Leipziger Muster, ver-
öffentlichte wertvolle psychophysiologische Studien an Hypnotisierten. Eine lange Reihe ausgezeichneter Arbeiten stammt aus
der Feder Binets und Férés, denen sich neuerdings nach der
ganzen Art seiner Thätigkeit Pierre Janet angeschlossen hat.
Ein Werk Pierre Janets*) ist es auch, auf das die Erörterungen der drei folgenden Abschnitte am häufigsten zurück-
kommen werden.

Janet giebt in dem starken Bande nur Beobachtungen, die
er selbst an Hysterikern und Hypnotikern gemacht hat, und die
Schlüsse, die er daraus zu ziehen sich für berechtigt hält. Er
macht es somit dem Kritiker leicht, Genauigkeit und Wert seiner
Angaben zu beurteilen. Die niedrigsten Formen des Seelenlebens
will Janet experimentell untersuchen, weil bei dem heutigen
Stande der Wissenschaft von unten angefangen werden müsse.
Das Kennzeichnende dieser elementaren Prozesse sei nun der
Automatismus, d. h. Selbstthätigkeit und Regelmässigkeit: *les
premiers efforts de l'activité humaine sont provoqués et non pas créés
par les impulsions extérieures, ils sortent du sujet lui-même et cepen-
dant ils sont très réguliers.***) Gegen diese Definition lässt sich
einwenden, dass sie der aus der Physiologie bekannten Bestimmung
„automatischer" Centren im Gegensatz zu den reflektorischen nicht
entspricht und für eine streng deterministische Psychologie kaum
zutrifft. Für den Determinismus sind auch die höchsten Leistungen

---

*) *L'automatisme psychologique. Essai de psychologie expérimentale
sur les formes inférieures de l'activité humaine. Thèse présentée à la
Faculté des lettres de Paris par Pierre Janet, Professeur agrégé de
philosophie au lycée du Hâvre. Paris, 1889.*

**) Eine ähnliche Begriffsbestimmung hat früher bereits Frederic Myers
gegeben, der ausserdem zwischen aktivem und passivem Automatismus unterscheidet und unter jenem mechanisierte Bewegungen, unter diesem Halluci-
nationen begreift.

des Seelenlebens streng regelmässig und natürlich auch selbstständig. Worauf es dem Verfasser ankommt, ist vielmehr der unpersönliche Charakter rudimentärer Seelenvorgänge. Es giebt Thatsachen des inneren Lebens, die, mögen sie nun für sich oder mit anderen zusammen existieren, Bewusstsein, aber kein Selbstbewusstsein, synthetisches Vermögen, aber keine Personalität zeigen. Und zwar müssen solche automatischen d. h. des Ichbegriffes entbehrenden und doch psychischen Vorgänge zunächst dann untersucht werden, wann sie die Seele ganz ausfüllen: deshalb handelt das erste Buch des Werkes von dem „völligen Automatismus". Erst später wird der teilweise Automatismus des gewöhnlichen Lebens durchforscht.

Ein Kennzeichen des völligen Automatismus, wie er besonders deutlich im Traum oder in der Hypnose zu Tage tritt, besteht nach Janets Auffassung in der Krankhaftigkeit. Janet scheut nicht davor zurück, die unschuldigsten Illusionen und Leidenschaften als pathologische Erscheinungen zu bezeichnen. Das ist ein gefährlicher Missbrauch des Wortes. Soll durchaus alles, was aus den Alltagsgeleisen herausgeht, zur Krankheit gestempelt werden, so sage man uns doch erst, worin eigentlich das Normale liegt. Ein schlechthin normaler Mensch ist eine künstliche Abstraktion, eine Chimäre, die je nach der individuellen Auffassung in zahllosen Farben schillert, und wenn jedermann zu gewissen Zeiten — etwa im Schlaf — oder unter gewissen Umständen — etwa als Verliebter — pathologisch sein soll, so verliert dieses Merkmal eben jeden Wert. Entsprechend verhält es sich mit der Hypnotisierbarkeit. Ich kann mich doch unmöglich deshalb für gesünder als viele meiner Freunde halten, weil zufällig die üblichen Massnahmen bei mir nichts gefruchtet haben; ich kann höchstens zugeben, dass in den Arten des Auftretens normale und pathologische sich unterscheiden lassen. Die Frage reicht über den Wert lediglich terminologischer Bestimmungen hinaus, denn sie kommt für die Einordnung des ganzen Untersuchungsgebietes in den Rahmen der allgemeinen Psychologie in Betracht. Dass wir es nicht mit pathologischer Psychologie schlechthin, mit einer

Spielart psychiatrischer Studien zu thun haben, scheint festzustehen, wohin also mit diesen neuen Arbeiten?

Wie wir gesehen haben, handelt es sich bei der geschilderten Forschung um die experimentelle Untersuchung der Psyche unter veränderten Bewusstseinsverhältnissen. Leider fehlt uns noch ein Wort, diese Veränderung oder die durch sie bedingten Vorgänge eindeutig zu bezeichnen; ich habe früher einmal an „parapsychisch" gedacht, auch an abnorm und anomal, ohne mich indessen befriedigt zu fühlen. Da es nun in der Medizin gebräuchlich geworden ist, selbst die geringste Abweichung von der Norm pathologisch zu nennen, so liegt ein Präcedenzfall für die Übernahme des Ausdruckes vor, obwohl es bedenklich bleibt, dass die Untersuchungen an Geisteskranken u. s. f. dann mit dem gleichen Namen der pathologischen Psychologie belegt werden können. Ich schlage daher zunächst den Namen „experimentelle Pathopsychologie" vor. Die Untersuchungen der psychologischen Institute liessen sich im Gegensatz hierzu, wie Hugo Münsterberg richtig bemerkt, als experimentelle Physiopsychologie charakterisieren, d. h. als experimentelle Erforschung der Psyche unter normalen Bewusstseinsverhältnissen. Der Nachdruck liegt bei beiden Wissenschaftsbezirken darauf, dass sie als coordinierte Teile der Gesamtpsychologie angehören, dass sie wohl mit Physiologie und Pathologie zu thun haben, aber im wesentlichen Psychologie sind.

II.

Wir verstehen unter automatischen Handlungen solche, die alle Merkmale psychischer Bedingtheit tragen, nur dass sie von der ausführenden Person im Augenblick der Ausführung nicht gewusst werden. Es sind daher alle diejenigen Handlungen ausgeschlossen, bei denen das Individuum eine Empfindung ihres Vorsichgehens besitzt, aber sie unmittelbar nachher vergisst: in diesen Fällen haben wir es mit einem Mangel an Erinnerung, nicht mit einem Mangel an Bewusstsein zu thun. Am deutlichsten wird das Verhältnis, sobald ein einziger Akt ausfällt. Eine Person spricht mit einer anderen über irgend einen Gegenstand und reibt dabei die erkalteten Hände, ohne es zu bemerken. Eine solche Bewegung wollen wir automatisch nennen; bei der Unsicherheit unserer heutigen psychologischen Terminologie kommt es ja nicht gross auf die geschichtliche Berechtigung der Bezeichnung an.

Zur Erläuterung mögen die folgenden Beispiele dienen.

Ein Freund besucht mich und erzählt mir eine Neuigkeit, die mich nötigt, ihn sofort auf einem Gange zu begleiten. Während er den merkwürdigen Fall berichtet, rüste ich mich zum Ausgehen. Ich binde mir einen neuen Kragen um, wende die Manschetten, befestige die Knöpfe, ziehe den Rock an, stecke den Hausschlüssel ein, blicke auch wohl in den Spiegel — aber dies alles, indem meine Aufmerksamkeit ausschliesslich mit der Erzählung beschäftigt ist und dies in wiederholten Fragen kundgiebt. Unten auf der Strasse fällt es mir plötzlich schwer aufs Gewissen, dass ich den Schlüssel vergessen habe, ich eile wieder hinauf, suche vergebens an allen Ecken und Enden, fasse schliesslich in die Tasche und finde dort richtig das Gesuchte. Als ich es nachher dem Freunde mitteile, erwidert er: „Das hättest du mir bloss eher sagen sollen, ich habe ja deutlich gesehen, wie du das Schlüsselbund aus dem Kasten nahmst, den Hausschlüssel herauszogst und zu dir stecktest. Wie kann man so zerstreut sein!" — Noch auffälliger wird die dem Verstand entsprungene Regelung automatischer Bewegungen bei Akten, die wir maschinenmässig beginnen, obwohl ihr Ergebnis dem entspricht, was wir später als unsere Absicht angeben. Ein Beamter z. B. steht des Morgens auf, zieht sich an und legt einen längeren Weg zurück, ohne dass die Vorstellung des Endortes nur ein einziges Mal in seinem Geist auftaucht; sobald ihn jedoch ein Bekannter auf der Strasse trifft und fragt, warum er so früh auf den Beinen sei, wird er ohne Besinnen antworten: er müsse nach dem Büreau. — Einer der erfahrungsmässig häufigsten Fälle ist der, dass die Gedanken einer Person beim lauten Vorlesen abschweifen und sich mit ganz anderen Dingen beschäftigen; trotzdem liest der Betreffende richtig und mit sinngemässer Betonung weiter, blättert um, kurz, vollführt Handlungen, die ohne intelligente Leitung nicht gut denkbar sind.

Oder, noch komplizierter: der Korrektor, der bei der Durchsicht des Satzes sich mit seinem Nachbar unterhält.

Die von älteren Psychologen vertretene Anschauung, dass dergleichen Thätigkeiten ohne jede Art von Bewusstsein verliefen, ist nicht aufrecht zu erhalten. Ebenso wenig scheint die Annahme eines schnellen Abwechselns in der Bewusstseinsrichtung auszureichen. Der Korrektor muss stetig ein Bewusstsein von Richtig und Falsch haben, wenn er die Fehler inmitten lebendiger Konversation verbessert. Der Vorleser vollzieht fortwährend eine sehr verwickelte psychische Thätigkeit, so sehr auch scheinbar seine Seele sich mit anderen Dingen beschäftigt. Unter solchen Umständen scheint es erforderlich zu unterscheiden zwischen jener Partie des Bewusstseins, die der Kenntnis des Individuums unterbreitet, und jener, die ihr unter normalen Verhältnissen entzogen ist. Wir tragen gleichsam eine verborgene Bewusstseinssphäre in uns, die, mit Verstand, Empfindung und Willen begabt, eine Reihe von Handlungen zu bestimmen fähig ist. Das gleichzeitige Zusammensein beider Sphären nenne ich Doppelbewusstsein. Es fragt sich nun, inwieweit das untere Bewusstsein dem oberen gleichsteht, welche zusammenhangenden Prozesse sich unterhalb des Niveaus unserer Kenntnis abspielen, und es sei gestattet, dies für die wichtige Funktion des Denkens an einigen Fällen zu untersuchen.

Es ist eine wenig erbauliche, aber unleugbare Thatsache, dass man manchmal die bekanntesten Daten nicht zu finden vermag. Ein Name oder eine Zahl schwebt einem auf den Lippen, und die Zunge quält sich vergeblich ab, das betreffende Wort auszusprechen; das wirkt zumal in einer Prüfung sehr unangenehm, weil die bösen Examinatoren selten das richtige Verständnis für psychologisch interessante Vorgänge in der Seele des Kandidaten besitzen. Dagegen hilft nur ein Mittel: man beschäftigt seine Gedanken mit einem ganz anderen Gegenstand und lässt „es" inzwischen, wie der Volksmund sagt, „ruhig arbeiten". Über kurz oder lang springt dann plötzlich der gesuchte Begriff ins Bewusstsein und drängt sich gelegentlich mit solcher Heftigkeit hervor, dass er unbekümmert um die augenblickliche Rede herausprudelt.

Jean Paul schildert einmal sehr launig, wie auf diese Weise das Wort „Pappendeckel" in einer feierlichen Unterhaltung grosses Unheil anrichtete. In solchen Fällen scheint gleichsam eine fortgesetzte unterirdische Minierarbeit des Besinnens stattzufinden. — Diese Dualität des Denkens lässt sich unschwer vervollkommnen. Man beginnt beispielsweise damit, beim Gehen die Schritte zu zählen und daneben die Vorgänge auf der Strasse immer im Auge zu behalten, — schon nach ein- bis zweiwöchentlicher Übung wird man ein Gespräch führen und dabei doch sagen können, der wievielte Schritt soeben zurückgelegt ist. Die Kontrole übt ein Dritter aus, der nicht an der Unterhaltung teilnimmt. Ein Mitglied der *Society for Psychical Research*, Mr. Barkworth, hat es zu einer solchen Fertigkeit gebracht, dass er während eines von ihm geführten lebhaften Gespräches grosse Zahlenreihen schnell und richtig addiert, ohne im mindesten abgelenkt zu werden.

Die genannten und ähnliche Erfahrungen weisen nicht nur auf eine nichtbewusste Intelligenz, sondern — was noch mehr ist — auf ein nichtbewusstes Gedächtnis. Herr Barkworth muss mindestens zwei Zifferngruppen in der Erinnerung haben, um aus ihnen eine dritte zu schaffen, er muss diese wieder behalten, um eine frisch wahrgenommene vierte hinzuzufügen u. s. f. Diese Gedächtniskette aber fungiert, wohlgemerkt, völlig unabhängig von derjenigen, auf der sich das Gespräch aufbaut, so dass man füglich behaupten darf, es bestehe ausserhalb der Kenntnis des Individuums Bewusstsein und Erinnerung.

Nun sind Bewusstsein und Erinnerung die hauptsächlichen Bestandstücke der Persönlichkeit. Betrachtet man nämlich das Ich unter dem Gesichtspunkt augenblicklichen Daseins, so lässt es sich als die Summe gegenwärtiger Bewusstseinszustände definieren, betont man die Kontinuität mit der eigenen Vergangenheit, so ist es durch das Gedächtnis gebildet. Die Vorstellung eines einheitlichen Ich würde also voraussetzen erstens, dass die gesamten aus Empfinden, Denken, Wollen vereinigten psychischen Prozesse im Blickpunkte des Wachbewusstseins lägen, zweitens, dass sämtliche Reproduktionsvorgänge zur Kenntnis des Individuums gelangten. Aus den geschilderten Erscheinungen im gewöhnlichen

Leben des gesunden Menschen scheint sich jedoch das Gegenteil
zu ergeben. Es folgt m. E. aus ihnen die Zusammengesetztheit
unserer Persönlichkeit aus zwei mehr oder minder unabhängig
voneinander operierenden Bewusstseinshälften, die man bildlich
als Ober- und Unterbewusstsein bezeichnen könnte. Ich
denke dabei nicht an eine Art geologischer Schichten im Gehirn,
sondern wähle die Benennung bloss als ein leichtverständliches
Bild, das ich gern gegen ein treffenderes aufzugeben bereit bin.
    Wir gehen weiter. In den Träumen lassen sich leise Ansätze
zur Bildung einer zweiten Gedächtniskette verfolgen. Der Fall
ist nicht so selten, dass jemand in der zweiten Nacht dort fort-
fährt zu träumen, wo er in der ersten aufgehört hat, gleichviel ob
ihm das nun am Zwischentage oder am Tage nachher zum Bewusstsein gelangt. Ebenso kommt es vor, dass ein Betrunkener
sich der im Rausche vollführten Handlungen im nüchternen Zustand zwar nicht, aber während des nächsten Rausches erinnert.
Der Rat ist nicht so thöricht, den jener Ehemann seiner Frau
gab, als sie darüber jammerte, dass er im Wirtshaus den Schlüssel
verlegt habe: „Warte nur, bis ich wieder einen Spitz habe, dann
werde ich schon wissen, wo das dumme Ding geblieben ist."
Noch auffälliger wird die Spaltung des Ich bei Personen, die an
Anfällen von natürlicher Somnambulie leiden. Man hat oft nach
Macario die Geschichte jenes Mädchens citiert, das, während
eines Anfalls vergewaltigt, beim Erwachen nichts davon wusste und
erst im folgenden Anfall das Geschehene ihrer Mutter enthüllte.
    Etwas verwickelter liegt die Sache bei den Epileptikern. Oft
nämlich folgt auf die eigentliche Krisis ein Zustand geistiger Ge-
störtheit, der sich in teils sonderbaren teils selbst verbrecherischen
Handlungen zu erkennen giebt, immer jedoch den Charakter eines
mental automatism trägt wie Hughlings Jackson es treffend aus-
drückt. Dieser Zustand hinterlässt keine oder eine sehr schwache
Erinnerung. Ein Arbeiter, am Tage seiner Hochzeit von epilep-
tischem Irresein ergriffen, tötet seinen Schwiegervater, kommt nach
mehreren Tagen zu sich und weiss nicht das Geringste von dem
Vorgefallenen. Hier sind zwei Punkte besonders zu bemerken.
Zunächst wird die landläufige Annahme einer Bewusstlosigkeit

deshalb nicht zugestanden werden können, weil komplizierte, verschiedenen Zwecken angepasste Handlungen notwendigerweise ein wenigstens intermittierendes Bewusstsein voraussetzen. Auch erweist die Kasuistik, dass manche Personen während des epileptischen Anfalls auf befehlerisch gestellte Fragen in kurzen Sätzen und mit kreischender Stimme antworten. Später erinnern sie sich weder dessen, was man ihnen gesagt hat, noch was sie erwiderten: ein sicheres Zeichen für eine Störung des Gedächtnisses, kein Zeugnis für einen Ausfall des Bewusstseins. Ja, in einzelnen Fällen gelangen die Kranken dazu, diese oder jene Thatsache aus der Zeit des Anfalls, vornehmlich aus seinen letzten Augenblicken, sich zu vergegenwärtigen; ein Zug, der nach Delboeufs Untersuchungen bekanntlich bei Hypnotisierten häufig wiederkehrt. Wird eine Hypnose unterbrochen, so weiss die Versuchsperson oft von den Ereignissen der letztvergangenen Minuten. — Der zweite Punkt, auf den ich oben anspielte, ist die grosse Ähnlichkeit zwischen den epileptischen Anfällen desselben Kranken, eine Ähnlichkeit nicht nur in dem grossen Ganzen, sondern sogar in jeder Einzelheit. Ich mache wiederum auf die Analogie mit dem Hypnotismus aufmerksam.

Damit ist der Übergang zu denjenigen pathologischen Fällen gegeben, welche eine gänzliche Spaltung des Individuums in zwei verschiedene seelische Gruppen enthalten. — Mitchell und Nott (1816) und nach ihnen Macnish in seiner *Philosophy of sleep* berichten von einer jungen Amerikanerin mit periodischer Amnesie. Die Dame war nach einem unnatürlich langen Schlaf in einen Zustand völliger Geistesabwesenheit verfallen, d. h. sie musste alles — Gehen, Sprechen, Lesen, Schreiben — von neuem lernen. Es herrschte schlechthin *tabula rasa*. Nach einigen Monaten kam sie, wieder infolge längeren Schlafes, in ihren normalen Zustand zurück. Und nun wechselten vier lange Jahre und darüber hinaus beide Zustände miteinander, stets von einem Schlafsuchtsanfall unterbrochen. In dem alten Zustand besass sie alle ihre ursprünglichen Kenntnisse, in dem neuen nur die während der Krankheit mühsam erworbenen, und diese Abwechselung erstreckte sich sogar auf die ursprünglichsten Fertigkeiten, wie Gehen und

Sprechen. Überhaupt hatte die Patientin ebensowenig eine Ahnung von ihrem Doppelleben wie zwei sich fremde Menschen von ihrer gegenseitigen Existenz.

Die bisher geschilderten Fälle von Doppelbewusstsein unterscheiden sich von den im ersten Abschnitt angezogenen durch ein Moment recht wesentlich. Sie zeigen nebeneinander, was dort miteinander verbunden war. Die Spaltung des Bewusstseins bei Herrn Barkworth, der inmitten der Unterhaltung Additionen ausführt, ist eine augenblickliche, die zwei Persönlichkeiten in ihm arbeiten zu gleicher Zeit; bei der jungen Amerikanerin findet die Zerlegung statt in zwei zeitlich getrennte Individuen, deren jedes sein eigenes Bewusstsein und sein eigenes Gedächtnis besitzt. Es wird gleichsam auseinander gebreitet was im gewöhnlichen Leben zusammengefaltet ist: das verleiht eben den der Pathologie entlehnten Beispielen den Vorzug grösserer Eindringlichkeit.

Zumeist also schliessen sich die beiden Gedächtnisse aus, das eine erscheint, wenn das andere verschwindet. Jedoch schon von den Epileptikern bemerkte ich, dass sie gelegentlich im Wachbewusstsein sich einiger Vorfälle aus dem Verlauf der Krise erinnern. Ähnlich umfasst in den folgenden Fällen das eine Bewusstsein das ganze Leben, das andere nur ein Bruchstück desselben.

Azam erzählt von einer hysterischen Frau, Félida X . . ., dass sie seit 1856 zwischen *condition prime* und *condition seconde* zu wechseln begann. Unter *condition prime* versteht Azam den normalen Zustand, unter *condition seconde* eine natürliche Somnambulie, in der die Kranke sowohl von dem weiss, was zur Zeit der früheren Anfälle vorgegangen ist, als auch von den Vorgängen des gewöhnlichen Lebens; das primäre Bewusstsein dagegen umspannt nur die Ereignisse der *condition prime*. Nun häuften sich aber die Anfälle dermassen, dass sie schliesslich den ursprünglichen Zustand ganz verdrängten; und so endete dieser merkwürdige Kampf der beiden Ich mit dem Siege der neuen oder somnambulen Persönlichkeit über die alte oder normale. — Ähnlich verhielt es sich mit Dufays Patientin R . . . L . . . Während der Periode, welche der *condition seconde* bei Félida entspricht, erinnert sich die Kranke genau aller Einzelheiten aus den somnambulen Zuständen und aus dem wachen Leben, gleichwie die Hypnotisierten meist von beiden Reihen Kenntnis haben; in normaler Verfassung fehlt jegliches Bewusstsein der somnambul ausgeführten Handlungen. — In dem kurz skizzierten Bild der beiden ja hinreichend bekannten Krankengeschichten ist jedoch noch ein anderer wichtiger Zug enthalten. Dufays wie Azams Patientinnen zeigen nämlich zusammen mit dem Persönlichkeitswechsel eine Charakterveränderung, die recht deutlich die thatsächliche innere Spaltung zur Anschauung bringt. So spricht das Fräulein R... L... in der Periode des vollständigen Gedächtnisses von ihrem normalen Zustand als von einem *état bête*; ihr Gefühls- und Stimmungsleben ist nicht minder scharf zerteilt als die Bewusstseins- und Erinnerungsthätigkeit. Das Auftreten einer solchen Charakterverdoppelung bei Geisteskranken ist übrigens jedem Irrenarzt zur Genüge bekannt; es bedarf daher an dieser Stelle bloss des Hinweises auf die einschlägige Litteratur.

Ich komme nunmehr zu einer sehr umfangreichen Erscheinungsgruppe, die leider zur Zeit noch ebenso viel Schwierigkeiten wie Aufschlüsse bietet. Ich meine die experimentellen Untersuchungen an Hysterischen. Die Versuchspersonen sind Hysteriker mit teilweiser Anästhesie. Es werden ihnen die Augen verbunden oder durch einen Schirm an der Kontrole der Vorgänge verhindert. Der Experimentator ergreift nun die unempfindliche rechte Hand, lässt sie einige Zeichen malen, Ziffern, Buchstaben oder Worte, und überlässt dann diese Hand sich selbst. Was geschieht? Das anästhetische Glied setzt die mitgeteilte Bewegung fort. Daraus folgt, dass der Reiz verspürt wurde, mit anderen Worten, dass die hysterische Unempfindlichkeit nicht wie die aus organischer Ursache hervorgegangene alle und jede Empfindung ausschliesst. — Unter denselben Vorsichtsmassregeln wird ferner von den Herren Binet und Féré das folgende Experiment angestellt. Man lässt einen Bleistift in die Hand der Versuchsperson gleiten, zwischen Daumen und Zeigefinger: sofort nähern sich beide Finger einander, die übrigen krümmen sich und die ganze Hand nimmt die Haltung zum Schreiben an. Hier wird also durch die nicht gefühlte Reizung

eines empfindungslosen Körperteils eine gewohnheitsmässige An-
passungsbewegung erzeugt, die in Beziehung zu Natur und Sitz
des ausgeübten Reizes steht. — Ich gehe jetzt einen dritten
Schritt weiter. Die genannten Gewährsmänner haben oft beobachtet, dass die den Bleistift haltende unempfindliche Hand nicht
bloss der Führung willig folgt, sondern sogar Fehler verbessert,
die der Experimentator absichtlich begehen lässt, und dass sie selbst
spontan mehr oder minder lange Sätze schreibt. Es scheint demnach unterhalb des Bewusstseinsniveaus sich ausser dem Prozess
der Empfindung ein sehr verwickelter Vorgang der Überlegung
abzuspielen.

Dieser Schluss würde zwingende Beweiskraft erhalten, wenn
es gelänge, die betreffende seelische Thätigkeit sozusagen zu einer
Meldung an das Oberbewusstsein zu veranlassen. Wir haben auf
Grund einiger Stichproben aus dem grossen Versuchsmaterial
annehmen müssen, dass Wahrnehmung und Ueberlegung statt-
finden, aber, im zweiten Bewusstsein verborgen, nicht zur Kenntnis
des Individuums gelangen. Davon wird der Hysteriker nie etwas
wissen, dass er in der Hand einen Bleistift hält, aber es wäre
denkbar, dass unter einer anderen Form die Kunde von der
Wahrnehmung in das erste Bewusstsein dringt. Die Richtigkeit
dieser Annahme scheint sich aus einer zweiten Versuchsreihe zu
ergeben, über die Herr Binet in der *Revue philosophique* berichtet.

Um die Hauptsache in des Verfassers eigenen Worten wiederzugeben: *„chez l'hystérique, il se produit une image visuelle à la
suite de l'excitation tactile d'une région insensible"*. Obwohl weder
der Reiz als solcher erkannt noch in der Haut lokalisiert wird,
dringt doch manchmal eine dem jeweiligen Reiz entsprechende
Vorstellung in das Wachbewusstsein. Wenn man z. B. die Fläche
der unempfindlichen Hand mit einem der Person bekannten
Gegenstand, etwa einem Messer, in Berührung bringt, so weiss
die Person nichts von der Form des Messers, nichts von Schmerz
u. s. f.; alle diese verborgenen Empfindungen erzeugen aber ein
optisches Gegenstück in der Sphäre des ersten Bewusstseins: das
Gesichtsbild eines Messers, das an sich vollkommen bewusst ist.
Die unterbewusste Tastempfindung erregt durch eine Art Assoziation

die entsprechende oberbewusste Gesichtsempfindung — wenn ich
die früher erläuterten Bezeichnungen einmal beibehalten darf. —
Eine Schwierigkeit der bezüglichen Versuche liegt darin, die
Suggestion zu vermeiden und das Bewusstseinsfeld in geeigneter
Weise zu beschränken. Dies geschieht durch folgenden *modus
operandi*. Man heftet die Aufmerksamkeit der Versuchsperson auf
die Buchstaben eines Zeitungsblattes, drückt stark auf die unempfindliche Körpergegend und ruft damit eine Kontraktur hervor.
Unter solchen Umständen externalisiert sich das durch die peripherische Reizung erzeugte Gesichtsbild auf dem Papier, bedeckt
die Schriftzeichen, hindert die Lektüre und macht das Sujet stutzig.
Wenn man jetzt die Hand sticht oder Linien auf ihr zieht, so
sieht die Person alle diese Punkte oder Linien auf dem Zeitungs-
blatt und kann sie ungefragt, von selbst beschreiben.

Wir können also sagen, dass unter normalen Verhältnissen
beide Teile des Vorganges sich in der oberen Sphäre des Bewusstseins bewegen, in den geschilderten Experimenten jedoch nur
der letzte Teil. Es ist ein unteres Bewusstsein, das die Berührung
empfindet, den Gegenstand als räumlich ausgedehnten und ge-
formten erkennt, kurz alle Vorbedingungen zu einer Gesichtswahr-
nehmung schafft. Das erste Bewusstsein empfängt nur das fertige
Ergebnis und begreift nicht, um was es sich handelt, da es den
Ursprung der Erscheinung nicht versteht. Bald bildet es sich
ein, dass es die Vorstellung aus freien Stücken gewählt habe, bald,
dass sie spontan entstanden sei, oft kümmert es sich gar nicht
darum; einige weniger intelligente Personen meinten sogar, das
Buch, in dem sie lesen mussten, sei an den inneren Bildern schuld.

Bei der Wichtigkeit des Gegenstandes dürfen wohl noch zwei
von den vielen feinen Beobachtungen Binets zur Unterstützung
des Erklärungsversuches mitgeteilt werden. — Wenn das Sujet
aufgefordert wird, an etwas Beliebiges zu denken, so wählt es
genau die Vorstellung, die dem ohne Wissen der Person ausgeübten peripherischen Reiz entspricht. Der Experimentator zieht
etwa auf der unempfindlichen Hand die Linien eines Vierecks,
und vor dem Auge des Hysterikers taucht plötzlich die Figur des
Vierecks auf. Aber es besteht ein Unterschied zwischen einer

solchen heimlich erzwungenen Wahl und einer völlig freien. In
letzterem Fall erfolgt die Antwort sofort, in ersterem dauert es
zwei bis fünf Sekunden *), ja manchmal sagt die Kranke geradezu:
„Ich weiss nicht, ich muss noch einen Augenblick überlegen." Da
haben wir ganz die bekannte Langsamkeit der Apperzeption. —
Wenn man die (vom Experimentator geführte) anästhetische Hand
eine Ziffer schreiben lässt, darunter alsdann eine zweite, dann
unterhalb der zweiten Ziffer eine Querlinie ziehen lässt, so ereignet
es sich manchmal, dass die Versuchsperson von selbst unter diese
Linie die Summe beider Zahlen setzt. Dies Ergebnis ist das
einzige, wovon das Sujet auf Befragen weiss. Was folgt daraus?
Es folgt, dass im sekundären Bewusstsein die Wahrnehmungen
nicht nur eingezeichnet, sondern auch begrifflich miteinander verknüpft werden, dass ohne Kenntnis des Individuums Additionen
ausgeführt werden, von denen nur das letzte Glied, das Ergebnis,
in das primäre Bewusstsein hinüberspringt. An die Ähnlichkeit,
fast möchte ich sagen, Gleichheit mit dem Falle Barkworth
brauche ich bloss zu erinnern.

III.

Die Arbeiten Binets bilden den Übergang zu einer dritten
Gruppe, deren bedeutsamster Vorzug in dem experimentellen
Verfahren besteht. Wie alle naturwissenschaftliche Thätigkeit
dahin streben muss, von der Beobachtung, dem einfachen Erfassen
eines Gegebenen, zum Versuch, der künstlichen Wandlung der
Bedingungen, fortzuschreiten, so bildete es auch für unser Problem
eine Lebensfrage, ob es gelänge, das geeignete Experiment zu
finden. Die Fälle Azams und Dufays leiteten auf den richtigen
Weg. Sollte es nicht möglich sein, bei ähnlichen Vorkommnissen
durch eine Hypnose das zu erzielen, was bei jenen die natürliche
Somnambulie leistete?

Im April 1885 kommt Victorine M . . . in die Behandlung
der Herren Bourru und Burot in Rochefort. 26 Jahr alt, mit

---

*) Genauere psychophysische Messungen scheinen leider bisher nicht
angestellt zu sein.

grande hystérie behaftet, hat sie infolge eines besonders starken
Anfalls die Erinnerung an ihr Vorleben verloren; das Gedächtnis ist
auf einen sehr kurzen Lebensabschnitt, etwa zwei Jahre umfassend,
beschränkt. Sobald sie jedoch hypnotisiert wird, überschaut sie
wieder ihre ganze Existenz, von der Geburt an bis zu dem Eintritt in das Hospital, die erwähnten beiden Jahre eingeschlossen.
Zu gleicher Zeit ist ihr körperlicher Zustand verändert. Während
sie im Wachen teils an Anästhesie, teils an Hyperästhesie leidet,
ist ihre Empfindlichkeit in der Hypnose ganz normal. Und wenn
man näher zusieht, entdeckt man auch psychische Verschieden-
heiten, die in Gesichtsausdruck und Bewegungen, in Schrift und
Sprache zum Ausdruck gelangen. — Der Fall würde sich, gemäss
den dargelegten Anschauungen, folgendermassen erklären lassen.
Eine heftige Erschütterung hat das Gleichgewicht des Seelenlebens
gestört und einen Teil desselben in eine Tiefe gesenkt, die der
Kenntnis des Individuums unerreichbar bleibt; in dem hypnotischen
Schlaf aber entsteht ein Zustand, der diese Tiefe erschliesst. So
wäre die Hypnose mit dem Unterbewusstsein gleichzusetzen.

Ich will nun die Beziehungen zwischen dem hypothetischen
Doppel-Ich und dem Hypnotismus des näheren erörtern. Sie
sollen uns Antwort auf eine Frage geben, die als die Probe des
ganzen Exempels gelten kann. Angenommen, dass ich im normalen
Zustand ohne Wissen eine Handlung ausführe, die ersichtlich
Intelligenz voraussetzt, ist dann nicht vielleicht doch etwas da, was
man ein Bewusstsein des automatischen Aktes nennen kann? Giebt
es ein Mittel, die Erinnerung daran zu wecken? Oder, weiter
gefasst: lässt sich der in Erfahrungen des täglichen
Lebens und noch deutlicher in den pathologischen
Übertreibungen bemerkbare verborgene Teil unseres
Seelenlebens unabhängig von dem anderen zur experi-
mentellen Untersuchung bringen?

Man denke sich eine tiefe Hypnose. Die Versuchsperson
weiss nach dem Erwachen nichts von allem dem, was während
des Schlafes mit ihr und um sie her vorgegangen ist; in der
nächsten Hypnose jedoch, mag sie nun nach einer Stunde oder
nach einer Woche herbeigeführt werden, kehrt das Gedächtnis an

die erste gleichartige Periode zurück. Wolfart erzählt einen Fall,
wo eine Frau noch nach dreizehn Jahren im magnetischen Schlaf
sich alles dessen erinnerte, was dreizehn Jahre vorher gleichfalls
im magnetischen Schlaf mit ihr vorgegangen und woran sie
seitdem nie mehr erinnert worden war. Einen ähnlichen Fall
mit einem Zwischenraum von sechs Jahren hat Braid beobachtet.
Geradezu verblüffend wirkt eine solche Trennung zweier Bewusst-
seins- und Erinnerungssphären, wenn die Hypnose ganz plötzlich
hervorgerufen wird: alsdann kommt es vor, dass die betreffende
Person nach dem Erwachen genau an der Stelle ihre Unterhaltung
oder ihre Thätigkeit fortsetzt, an der diese unterbrochen worden
war.*) Manchmal besitzen die Hypnotisierten ein Bewusstsein
ihrer veränderten Persönlichkeitslage: sie behaupten zu „schlafen"
und wünschen geweckt zu werden, wenn ihnen diese oder jene
Suggestion nicht behagt.

Bei leichten Graden der Hypnose erinnert sich die Versuchsperson nach dem Erwachen an alles, was während des Schlafes
geschehen ist, und selbst nach den tieferen Stadien kann durch
Assoziation die Erinnerung häufig geweckt werden. Delboeufs
oben (S. 14) erwähnte Versuche und Heidenhains bekannte
Experimente haben das unwiderleglich dargethan. Ebenso fällt
uns sehr oft ein ganzer Traum ein, wenn wir einen in sein
Bilderspiel verwebten Gegenstand am Tag erblicken. Rechnen
wir ferner die Traumthätigkeit zu den Äusserungen des Unterbewusstseins, so können wir die zwischen ihr, der Hypnose und
dem wachen Leben bestehenden Beziehungen leicht begreifen. Es
ist gar nicht so selten, dass die hypnotischen Trugwahrnehmungen
des Nachts noch einmal geträumt werden, ja, dass einzelne sich
ihrer posthypnotischen Suggestionen durch einen Traum entledigen.
Moll kannte eine Person, die durch Sprechen im Schlaf ihre
Träume verriet, nach dem Erwachen Amnesie zeigte, hypnotisiert
jedoch die Traumbilder wiederzugeben vermochte. Aus dieser unterirdischen Region kann aber Vieles an das helle Tageslicht treten.

---

*) Über dieselbe Erscheinung bei Geisteskranken vgl. Winslow, *On
obscure diseases*, S. 322 ff.

Lebhafte Traumbilder werden oft für die Wirklichkeit genommen, Vorgänge der Hypnose durch entsprechende Suggestion für das Tagesbewusstsein erhalten. Indessen alle Variationen lassen sich schematisch durch eine Kombination zwischen erstem und zweitem Bewusstsein verständlich machen. Dasselbe gilt von den scheinbar so rätselhaften posthypnotischen Suggestionen; und da über ihre Erklärung seit Jahren hin- und hergestritten wird, glaube ich etwas länger bei diesem Punkt verweilen zu müssen.

Es ist stets aufgefallen, wie verschieden der Zustand der Versuchspersonen während der Ausführung eines posthypnotischen Auftrages ist. Ich gebe dem Sujet z. B. den Befehl, nach dem Erwachen einen Schirm aufzuspannen. A verfällt ersichtlich dabei in eine neue Hypnose: er ist während des Augenblickes der Ausführung suggestibel und weiss nachher nichts von seiner That; erst in dem nächsten Schlaf erinnert er sich derselben. B ist im Gegenteil ganz wach: keine Suggestibilität, keine Amnesie; entweder verspürt er einen ihm unerklärlichen Zwang oder er sucht sich Gründe für seine Handlungsweise. C endlich bleibt auch völlig wach, aber er unterbricht seine Rede nicht, sondern öffnet automatisch den Schirm, d. h. ohne zu wissen, dass er es thut. Diese drei Typen werden begreiflich, sobald wir das „Ich" des Hypnotisierten dem von uns im Menschen gefundenen sekundären „Selbst" gleichsetzen, denn von dem letzten wissen wir, dass es auch während des wachen Lebens ununterbrochen thätig ist und sich in mehr oder minder starker Weise mit dem Oberbewusstsein vermischen kann. Die Arten der Ausführung einer nachwirkenden Eingebung können daher als Kombinationen zwischen dem Anteil des primären und dem Anteil des sekundären Selbst aufgefasst werden. Bei A überwältigt das hypnotische Bewusstsein völlig das wache. Bei B gewinnt es ihm bloss ganz wenig Raum ab, gerade nur so viel, dass die Triebvorstellung überhaupt — teils zwangsmässig, teils illusorisch begründet — die That herbeiführt. Ist selbst dieser Stärkegrad nicht erreicht, so misslingt die posthypnotische Suggestion oder bedarf einer Nachhilfe seitens des Experimentators. Im dritten Fall ist das Herrschaftsgebiet des hypnotischen Ich von dem des wachen Ich sehr scharf geschieden.

Unabhängig von der übrigen Seelenthätigkeit vermag es die zu der Handlung nötige Maschinerie in Bewegung zu setzen.

Das letzte Beispiel, obwohl bisher am wenigsten beachtet, ist doch das lehrreichste: es zeigt jene konkurrierende Thätigkeit der beiden Bewusstseinssphären, die in den Vorfällen des gewöhnlichen Lebens und in Binets Versuchen am auffallendsten hervortrat. Am gleichen Faden laufen Pierre Janets bemerkenswerte Untersuchungen.

Die Heldin der fast märchenhaft anmutenden Geschichten Janets ist die bekannte Frau B . . ., eine ältliche Bauernfrau mit schwacher Gesundheit, die Wittwe eines Kohlenbrenners in der Nähe von Cherbourg. Sie ist von scheuem Wesen, zurückhaltend, schweigsam und nur zum Teil in die Geheimkunst des Schreibens eingeweiht, kurz, eine Person, scheinbar so ungeeignet wie keine zweite, um unsere Vorstellungen von den Fähigkeiten der Seele zu erweitern. Und doch sind diese Eigenschaften, zusammen mit ihrer Gleichgültigkeit gegenüber dem Ablauf der Versuche, von unschätzbarem Wert für die Beweiskraft der Ergebnisse. — Frau B . . . führt in ihrem alltäglichen Leben den Vornamen Léonie; in der Hypnose trägt sie den selbstgewählten Namen Léontine, der also ihre zweite Persönlichkeit bezeichnet. Diese hypnotische Léontine, die mit der wachen Léonie zu einer physiologischen Individualeinheit verbunden ist, bekommt nun, in einem von Herrn Janet vorgenommenen Versuch, die posthypnotische Suggestion, ihre Schürze auf- und wieder zuzuknüpfen. Frau B . . . wird aus dem Schlaf geweckt und geht, im Gespräch mit Herrn Janet, nach der Thür. Inzwischen knüpfen ihre Hände — die vereinigten Hände von Léonie und Léontine, da ja beide Personen in demselben Körperorganismus wohnen — die Schürze auf. In diesem Augenblick lenkt Janet Léonies Aufmerksamkeit auf die herabfallende Schürze; „Herr Gott", ruft sie, „meine Schürze ist aufgegangen", und bindet sie, diesmal nicht automatisch, sondern mit vollem Bewusstsein und mit voller Absichtlichkeit, wieder zu. Sie fährt dann im Gespräch fort, und für sie, für Léonie, war damit der Zwischenfall erledigt: die Schürze, dachte sie, sei auf irgend eine Weise aufgegangen und sie habe sie wieder zugebunden. Indessen Léontine gab sich noch nicht zufrieden. Auf ihr Geheiss begannen die Hände zum zweitenmal das Werk, die Schürze wurde wieder gelöst und wieder gebunden, diesmal jedoch, ohne dass Léonie das scheinbar mechanische Spiel der Hände im geringsten beachtet hätte.

Ich kann mich irren — aber es kommt mir vor, als sei die Annahme eines Verharrens des beobachtenden und erwägenden hypnotischen Selbst die einfachste Deutung dieses interessanten Experimentes. Es scheint unterhalb des Wachbewusstseins eine zweite Persönlichkeit zu leben, die sich an die Vorgänge der Somnambulie erinnert, Befehle aus jener Zeit auszuführen strebt und dazu über ein gewisses Mass von Überlegung verfügt. Das Gleiche ergiebt sich aus eigenen Versuchen mit einem Herrn D . . . r. D . . . r erhält eine posthypnotische Suggestion mit der Anweisung, er solle sie ausführen, sobald ich zum 17. Mal in die Hände geklatscht haben würde. Nach dem Erwachen verwickelt ihn Herr Dr. Moll in ein lebhaftes Gespräch, während ich, ziemlich leise und in unregelmässigen Abständen, 15 Mal klatsche. Gefragt, ob er mich habe in die Hände schlagen hören, verneint es D . . . r und versichert auch, nicht zu wissen, was er nach dem 17. Schlag thun solle; sobald aber die beiden letzten Schläge ertönt sind, vollführt er automatisch das ihm Anbefohlene. — Man kann darin noch weiter gehen, bis an die Grenzen der normalen Leistungsfähigkeit des betreffenden Individuums. Man sagt etwa: „Wenn die beiden Zahlen, die ich hintereinander ausspreche, addiert die Summe 7 ergeben, werden Sie dies oder das thun." Oder man verlangt, dass das Sujet nach dem Erwachen jedesmal, wenn A zu ihm spricht, lache, wenn B es thut, „Haha" rufe, wenn C, eine Grimasse schneide, wohlgemerkt, nachdem Erinnerungslosigkeit festgestellt worden ist; es geschieht Alles auf das Pünktlichste, aber ohne dass die Versuchsperson ihre sonderbare Handlungsweise bemerkt.

Die gewöhnliche Deutung der Thatsachen — ich erinnere an die Diskussion zwischen Paul Janet, Richet, Bernheim — stützt sich auf die Ideenassoziation: durch ihre Hilfe geschehe es, dass der Anblick des Herrn A Lachen errege. Aber diese Deutung genügt nicht für den Fall des unbewussten Rechnens und sie reicht nicht aus für die posthypnotischen Eingebungen auf längere

Verfallszeit. Wir hatten einmal dem D . . . r gesagt, er werde am
16. Dienstag, von dem vergangenen an gerechnet, in das Zimmer
des Herrn Dr. Moll kommen, die Anwesenden mit Schimpfworten
titulieren und Herrn Moll die Uhr stehlen. Diese Suggestion
erfüllte sich richtig am 25. September 1888, einem Datum, das wir
uns mit Hilfe des Kalenders hatten ausrechnen müssen. Hier ist
also kein Merkzeichen gegeben, wollte man nicht annehmen, dass das
Sujet sich schnell in der Hypnose den Tag berechnet hätte. Aber
gegen eine solche Vermutung spricht G u r n e y s Beobachtung, dass
die Personen in den Zwischenhypnosen den Endtermin nicht angeben können, hingegen die Zahl der Tage wissen, die verflossen
sind und noch verfliessen werden, gerade als ob ein latentes Bewusstsein die Tage abzähle und vermöge dieser Abzählung die
Suggestion zur rechten Zeit erfülle. Mag demnach selbst bei
kurzem Zwischenraum zwischen Aufgebung und Ausführung einer
Suggestion die natürlichste Vermutung die sein, dass eine isolierte
Vorstellung, eingepflanzt in die normale Gedächtniskette, zur bestimmten Stunde im geistigen Glockenwerke Alarm schlage, wie
der Klöppel einer Weckeruhr, so kann man doch bei Eingebungen
auf Monate und Jahre hinaus kaum annehmen, dass es sich um
eine rein mechanische Selbstverwirklichung schlummernder Gedanken
handle. Es muss eine Art von Bemühung vorhanden sein, die
betreffende Vorstellung lebendig zu erhalten, die Zahl der abge-
laufenen Tage zu markieren u. s. f.

Soviel von den posthypnotischen Suggestionen. Ich komme
jetzt zu einigen Beziehungen zwischen Doppel-Ich und Hypnotismus,
die an die Auseinandersetzungen im zweiten Abschnitt anschliessen.
Es geschehen, so sahen wir, im Verlauf des gewöhnlichen Lebens
Handlungen, die ihren Ursprung in einer unbeleuchteten Bewusstseinssphäre haben müssen; wir nannten sie im Hinblick auf den
Sprachgebrauch der Psychiater (Jacksons *mental automatism*) automatische Handlungen. Wenn nun die Vermutung berechtigt ist,
dass das sekundäre Bewusstsein sich in der Hypnose gleichsam
selbständig macht, so müssen zwischen den Vorgängen im künstlichen Schlaf und den automatischen Handlungen im Wachen
Verbindungsfäden aufzudecken sein.

Die Aufgabe wird dadurch sehr erschwert, dass nur selten Gelegenheit zu den einschlägigen Versuchen vorhanden ist. Es käme darauf an, heimlich die Versuchsperson bei solchen verwickelten Bewegungen, wie früher beschrieben, zu ertappen und dann den Hypnotisierten auf seine Erinnerungsfähigkeit vorsichtig, ohne Suggestivfragen, zu prüfen. Ich persönlich habe derartige Versuche bisher nicht machen können; nur ein einziger ähnlicher Fall ist mir vor sieben Jahren einmal vorgekommen. Mehrere Freunde waren bei mir, von denen der eine, W . . ., etwas durchlas, während wir anderen miteinander plauderten. Da fällt im Gespräch ein Name, der Herrn W . . . besonders interessiert, er dreht sich um und fragt, was denn mit Herrn X . . . geschehen sei. Von allem Vorangehenden erklärt er nichts zu wissen; er habe nur diesen Namen gehört, wie das ja oft genug sich ereignet. Mit seinem Einverständnis hypnotisiere ich ihn nun und frage in der ziemlich tiefen Hypnose noch einmal. Jetzt berichtet er zu unserem aufrichtigen Erstaunen sinngemäss den Gang des Gespräches zur Zeit seiner Lektüre. — Es hat also hier eine Aufnahme von Sinneseindrücken stattgefunden, aber nicht in das Bewusstsein, mit dem der wache Mensch operiert, sondern in ein anderes, das erst in der Hypnose zur Entfaltung gelangt. Der Unterschied zwischen diesem und den oben angedeuteten Experimenten besteht also darin, dass hier Wahrnehmungen, dort Bewegungen das Material bilden.

Vorausgesetzt, dass das hypnotische Selbst nur eine Entwickelungsphase des Unterbewusstseins darstellt, so müssten sich auch aus den automatischen Handlungen hypnotische Zustände entwickeln lassen. Dass dies in Wirklichkeit der Fall ist, beweist die sogenannte *suggestion par distraction*. Ein Beispiel. Herr Janet erzählt von einer Hysterischen mit teilweiser Unempfindlichkeit. „Die Frau, völlig wach, sprach mit Herrn Binet. Ich stellte mich hinter sie und veranlasste sie durch leise gegebene Befehle, die Hände unbewusst zu bewegen, ein paar Worte zu schreiben, meine Fragen durch Zeichen zu beantworten u. s. f. Plötzlich hörte das Sujet auf mit Herrn Binet zu sprechen, wandte sich mir zu und setzte sprechend die Unterhaltung fort, die es mit mir durch unbewusste

Zeichen begonnen hatte. Dagegen sprach sie nicht mehr mit Herrn
Binet und hörte ihn nicht länger sprechen; es war notwendig, sie aus
der neu entstandenen Hypnose zu wecken, worauf sie natürlich alles
vergessen hatte. Nun hatte die Versuchsperson vorher keine Ahnung
von meiner Anwesenheit gehabt, es war daher nicht diese an sich,
die hypnosigen wirkte. Der Schlaf war vielmehr ersichtlich das
Ergebnis der Entwickelung von unbewussten Handlungen, welche
das normale Bewusstsein erst angegriffen und dann gänzlich überwältigt hatten. Diese Erklärung ist leicht zu beglaubigen. Mein
Sujet, Frau B . . ., bleibt völlig wach in meiner Nachbarschaft,
solange ich nicht unbewusste Phänomene hervorrufe; sobald jedoch
diese zu zahlreich und verwickelt werden, verfällt sie in Schlaf."
— Durch solche Erfahrungen wird die Annahme nahegelegt, dass
bei der Häufung von automatischen Handlungen das zweite Selbst,
das die Zerstreutheitshandlungen leitet, genötigt wird, vollen Besitz
von dem Menschen zu ergreifen, und zwar mit Hilfe der Hypnose.
Die Häufung muss freilich, abgesehen von den individuellen Ver-
schiedenheiten, ziemlich intensiv sein, denn ein anderer Versuch
des Herrn Janet zeigt, wie lange primäres und sekundäres Bewusstsein neben einander thätig sein können. Ein völlig wacher,
noch nie hypnotisierter, aber sehr suggestibler Mann wurde durch
leises Zureden schliesslich dahin gebracht, sich auf den Bauch zu
legen, ohne dass er deshalb das wachbewusste Gespräch unter-
brach oder etwas von der Veränderung verspürte. Auf die Frage
eines Dritten, in welcher Lage er sich denn eigentlich befinde,
antwortete er: er stände, wie zuvor, am Bett. — Ob er nicht
merke, dass er ganz klein geworden sei, er müsse ja den Kopf
hoch halten, um mit ihm, dem Frager, zu sprechen. — Ja, er sei
bekanntlich einen halben Kopf kleiner als der Frager, aber doch
heute nicht mehr als sonst.

Diejenige automatische Bewegung nun, die wegen der ihr
innewohnenden Ausdrucksfähigkeit die reichsten Aufschlüsse zu
gewähren vermag, ist die des Schreibens. Eine vortreffliche Mono-
graphie des automatischen Schreibens hat Frederic Myers geliefert, wichtige Auseinandersetzungen hat Moll gegeben. Ich
versuche, den Vorgang von unserem Standort aus zu beleuchten,

Die ersten Anzeichen eines Schreibens, das nicht von dem wachen Verstand geleitet wird, zeigen sich in den Kritzeleien, die man wohl während des Nachdenkens über wichtige Gegenstände auf das Papier wirft. Schiller erzählt von sich selbst, er male ganze Bogen mit „Rösslen" voll, wenn er recht angestrengt überlege. Solche gedankenlosen Malereien können auch in der Wiederholung eines und desselben Wortes bestehen, z. B. Else, Else, Else, wobei die kalligraphische Ausführung eine Hauptrolle zu spielen pflegt. Sobald aber verschiedene Worte, ja ganze Sätze unabsichtlich zu stande kommen, entsteht das, was die Spiritisten „indirektes mediumistisches Schreiben" getauft haben. Ich habe es in drei Phasen kennen gelernt. Im ersten Stadium der Ausbildung weiss der Experimentierende noch, was er schreibt, aber er empfindet es als unabhängig von seiner Willkür. Entwickelt sich das Unterbewusstsein zu grösserer Freiheit, gewinnt es mehr Gewalt über die Bewegung der Feder, so verliert der Operator die Kenntnis von dem Inhalt seiner eigenen Schrift und beobachtet mit erklärlichem Erstaunen, wie manchmal die verborgensten Gedanken und Gefühle an das Tageslicht gelangen. Ist die Dualität auf den Gipfel gestiegen, so merkt das Sujet gar nicht, dass die Hand schreibt, und es kann zu gleicher Zeit sich ungestört mit anderen Dingen beschäftigen, mit den Anwesenden plaudern u. s. f. Dann mag es auch vorkommen, dass das „Schreibmedium" mitten in der Sitzung in den „Trance", einen hypnotischen Zustand, verfällt, was nach dem Spiritisten-Katechismus ein völliges Aufgehen in den „kontrolierenden" Geist bedeutet. Für uns beweist diese Thatsache, dass, wenn Inhalt oder Ausdehnung des automatischen Schreibens die Seelenthätigkeit übermässig in Anspruch nehmen, das normale Selbst für eine Zeit unter das Bewusstseinsniveau versinkt und das zweite Ich, von dem das Schreiben ausgeht, zur Herrschaft gelangt.

Über das Verhältnis des graphischen Automatismus zum Hypnotismus habe ich selber zahlreiche Versuche angestellt; es geht aus ihnen beweiskräftig hervor, dass Eindrücke der Hypnose auch während des wachen Lebens keineswegs verschwunden sind. Der Leser erinnert sich des S. 24 berichteten Experimentes. Ich

habe es absichtlich oben nicht ganz vollständig erzählt, weil der
ausgelassene Teil erst in diesem Zusammenhang verständlich wird.
Als nämlich D . . . r erklärt hatte, dass er nichts von dem Hände-
klatschen wisse, gaben wir ihm einen Bleistift in die Hand, mit
dem Bemerken, die Hand würde schon von selbst schreiben, wie oft
Herr Desvoir geklatscht habe. D . . . r lächelte ungläubig, fuhr
in der Unterhaltung fort und bemerkte nicht, dass der Stift in
langsamen Zügen „15 Mal" schrieb; ja, er wollte nachher nicht
zugeben, dass er das geschrieben haben könne. — Mittels dieses
Hilfsmittels haben wir fast ausnahmslos die Erinnerung an intra-
hypnotische und posthypnotische Suggestionen wecken können: die
Hand weiss ganz genau, was während des Schlafes vorgegangen
ist oder was bei einem bestimmten Signal geschehen soll. Wenn
einer der Anwesenden durch nachwirkende Eingebung für das
Sujet verschwunden ist, so schreibt die Hand ganz richtig alle
Worte des scheinbar nicht Vorhandenen auf. Jede negative Halluzination beruht darauf, dass die Wahrnehmungen bloss bis in die
untere Schicht des Bewusstseins dringen und deshalb nicht in die
Erscheinung treten; so erklärt sich auch Liégeois', von uns be-
stätigte, Beobachtung, dass etwaige Suggestionen des Fortsuggerierten
von der Versuchsperson ohne ihr Wissen aufgenommen und automatisch ausgeführt werden.

Gehen wir jetzt in unseren Überlegungen etwas weiter, so
kommen wir auf die Streitfrage; *multiplex versus duplex* in der
Persönlichkeit. — Ein Hypnotisierter erhält den Befehl, mit zwei
Feinden zu kämpfen. Der eine Feind wird durch ein Sofakissen,
der andere durch eine der anwesenden Personen dargestellt. Fast
stets wird das Sujet mit unbarmherziger Wut auf das Kissen los-
schlagen, aber den Herrn entweder gar nicht treffen oder sehr
sanft behandeln, genau so, als ob ein dunkles Bewusstsein der
wirklichen Umgebung sich geltend mache. — Von vier Spielkarten
wird eine dem Hypnotisierten durch Suggestion unsichtbar gemacht,
er nennt demgemäss nur die drei übrigen. Jetzt wird ihm ein
Bleistift in die Hand gedrückt, mit der Anweisung, alle Karten,
die eben da gelegen, aufzuschreiben: er fügt die vierte richtig
hinzu. So enthüllt das automatische Schreiben eine unterhalb des

hypnotischen Ich befindliche Bewusstseinsschicht, in der die Wahrnehmung geruht hatte. Auch Dinge, über die der Hypnotisierte
nicht sprechen will, werden auf diese Weise verraten.

In derselben Art lässt sich der so häufig missverstandene
„Rapport" erklären. Wir haben in unseren Untersuchungen zwei
Stadien kennen gelernt, von denen das erste sich dadurch aus-
zeichnet, dass der Hypnotisierte die Äusserungen aller Anwesenden
wahrnimmt, aber bloss auf die des Hypnotisten eingeht. Hier
besteht der Rapport in der seelischen Auswahl des Einen, der
Suggestionen mit Erfolg geben kann. In dem zweiten Grad
existiert nur der Experimentator für das Sujet; das leiseste Wort
aus seinem Munde wird gehört, während die anderen sich heiser
schreien können, ohne dass es ihnen etwas nützt. Auf eine be-
zügliche Frage antwortet die Versuchsperson mit gutem Gewissen,
dass sie nichts höre; aber der Thatbestand ist ein anderer, wie
der folgende, oft wiederholte Versuch zeigt. D...r erhält in
der Hypnose die Suggestion, dass nur die mit ihm sprechende
Person im Zimmer und auch niemand im Nebenzimmer sei. Nun
treten die sonstigen Teilnehmer der Sitzung leise herein und
richten an D...r Fragen, die dieser nicht beantwortet, da er
nur mit dem Suggestionisten in Rapport steht. Der letztere giebt
alsdann dem Sujet Bleifeder und Papier in die Hand und befiehlt
ihm, zu schreiben, wer ihn gefragt habe und was er gefragt worden
sei; und während nun eine lebhafte Unterhaltung des Suggestionisten mit D...r beginnt, schreibt dieser automatisch die Namen
der ihm dem Stimmklang nach kenntlichen Personen und den
Inhalt ihrer Fragen nieder. Hierdurch scheint die Annahme
gerechtfertigt, dass wir es bei D...r im Zustand der Hypnose
mit zwei Sphären seines Traumbewusstseins, einer unteren und
einer oberen, zu thun haben, und dass „Rapport" in diesem Fall
nichts anderes heisst als: regelmässige Aufnahme gewisser
Eindrücke in die obere Sphäre des Traumbewusstseins.
Edmund Gurney meinte auch, gestützt auf eine Reihe scharf-
sinniger Untersuchungen, dass sich in der tiefen Hypnose zwei
Phasen beobachten liessen, die durch vollkommene Trennung des
Gedächtnisses voneinander geschieden seien; er berichtete ferner

von einem Traum mit zwei deutlich getrennten Erinnerungs-
gruppen. Und an dieser Stelle darf ich auch wohl die berühmte
Geschichte des L., V., einschalten: die Persönlichkeit dieses
seltenen Menschen erscheint nämlich in sechs Stücke zerbrochen,
die in physischer wie moralischer Hinsicht kaum etwas miteinander zu schaffen haben. Eine Zurückführung auf zwei Haupt-
zustände will nicht gut glücken. Es ist wahr, der Kranke hat
im normalen Zustand keine Erinnerung an den sekundären und
gleicht in dieser Beziehung der Félida X ..., aber in der zweiten
Periode des sekundären Zustandes (Januar-April 1884) weiss er
nichts von der ersten, von seinem Aufenthalt in Bonneval (1880),
so dass zum mindesten d r e i Grundformen übrig bleiben.

Eine unerschöpfliche Fundgrube für die Lehre von der Viel-
fältigkeit des Ich bieten Pierre Janets tiefgründige Forschungen.
— Bei Frau Léonie B ... und einigen anderen Versuchspersonen
besteht selbst in der Somnambulie Erinnerungslosigkeit für die
Zerstreutheitshandlungen und die mit unempfindlichen Körperteilen
ausgeführten Bewegungen des wachen Lebens, während man auf
Grund des Prinzips vom Doppel-Ich zunächst das Gegenteil annehmen sollte. Ferner existieren in der Hypnose automatische,
nicht bemerkte Handlungen. Herr J a n e t stellt nun fest, dass
die letzteren genau derselben Natur sind, wie die im künstlichen
Schlaf nicht erinnerten Akte des normalen Lebens, und dass
zwischen diesen beiden Klassen ein Gedächtniszusammenhang obwaltet. Giebt es nun einen der Hypnose analogen Zustand für
diese dritte Reihe von Handlungen? Kann man nicht den ganzen
Körper der Intelligenz unterwerfen, die das automatische Schreiben
des Somnambulen leitet? Wahrscheinlich wird hier dasselbe Mittel
helfen, das die unbewussten Handlungen des Wachens zur Selbständigkeit erhob, nämlich die Herbeiführung eines hypnotischen
Zustandes; Herr J a n e t versucht also das somnambule Bewusstsein dadurch zum Schwinden zu bringen, dass auf die bestehende
Hypnose eine zweite aufgesetzt wird. Auch Léontine, das zweite
Ich der Frau B. ..., wird als selbständige Person behandelt und
genau so hypnotisiert wie es bei Léonie geschah: alsdann entsteht eine dritte Persönlichkeit Léonore. Aus der umfangreichen

Symptomatologie dieser Léonore seien nur einige wenige Punkte
hervorgehoben. 1. Das Sujet im dritten Zustand erinnert sich
alles dessen, was es in den früheren Perioden desselben Zustandes
gethan und erfahren hat. 2. Léonore erinnert sich leicht an die
Erlebnisse des wachen Zustandes, aber sie unterscheidet sich scharf
von der Léonie. „Die andere, B . . .", sagt sie, „hat das gethan;
ich weiss, dass sie es gemacht hat, ich habe es gesehen." 3. Sie
erinnert sich aller Vorkommnisse der gewöhnlichen Hypnose, aber
sträubt sich dagegen, mit Léontine verwechselt zu werden. „Sie
sehen sehr gut, dass ich nicht diese Schwätzerin, diese Närrin
bin . . . Die Arme hat sich von Ihnen einreden lassen, sie
wäre eine Prinzessin,[*]) du lieber Himmel! . . . Nein, wir ähneln
uns gar nicht." Léonore weiss auch von allen Bewegungen, welche
Léontine in der Zerstreutheit oder mit anästhetischen Körperteilen
ausgeführt und deshalb nicht bemerkt hat, aber bei ihr selbst
lassen sich keine unbewussten Handlungen erzeugen. Das Erwecken
gelingt nur gradweise, aus Léonore wird Léontine, aus Léontine
Léonie. Dieselbe Erscheinung haben französische Forscher bei
dem sogenannten spontanen Ablauf der Persönlichkeitsveränderungen
und wir bei dem Rapportwechsel beobachtet.

Eins ist hiernach klar. Wenn es bei einem andern Sujet als
bei Frau B . . . gelingen sollte, auch im Léonore-Stadium unbemerkte verständige Handlungen auszulösen, so würden wir
wieder auf eine tiefere „Lage" des Bewusstseins stossen und so fort
in infinitum. Schliesslich gäbe das eine Art Zwiebeltheorie der
Seelenstruktur. Aber wer so denken wollte, der würde eben der
Sprachverführung unterliegen und vergessen, dass es sich nicht um
Schichten, sondern um Einheitsbildungen handelt, deren Zahl von
vornherein doch nicht beschränkt ist. Wir kommen im nächsten
Abschnitt ausführlicher auf diese Frage zurück. Begnügen wir uns
zunächst mit den beiden grossen Gruppen, die um je einen Ein-
heitspunkt geschart sind, und versuchen wir hiernach den Begriff
der Hypnose psychologisch zu bestimmen. Die Hypnose besteht

---

*) Es handelt sich um eine *objectivation des types* durch Suggestion in
der gewöhnlichen Hypnose.

in einem künstlich herbeigeführten Übergewicht des sekundären Ich. Es käme also bei allen Hypnotisierungsmethoden wesentlich darauf an, das Unterbewusstsein zu wecken, planmässig und künstlich das zu thun, was im Leben des gesunden und des kranken Menschen die Natur uns in den ersten Ansätzen und in der höchsten Ausbildung zeigt. An zweiter Stelle wäre nachzuweisen, dass dem in uns schlummernden sekundären Ich jene Eigenschaften zugehören, die von den früheren psychologischen Theorien übereinstimmend an der Hypnose hervorgehoben wurden. Es sind nicht eben viele Kennzeichen, denn die meisten Bestimmungen laufen trotz des verschiedenen Wortlautes auf dasselbe hinaus. Ob man von *silence d'idées* (Richet) oder Aïdeismus (Ochorowicz) spricht, bleibt sich gleich; Unabhängigkeit von der Kontrole des bewussten Willens, Automatismus, psychischer Reflexzustand, Zustand konzentrierter Aufmerksamkeit oder erhöhter Suggestibilität besagen ähnliches. Hebt man die positive Seite hervor, so bemerkt man bei dem Somnambulen Unversehrtheit der meisten seelischen Fähigkeiten, kindliche Gläubigkeit und die Neigung, alles ins Sinnliche zu wandeln; rückt man die negative Seite in den Vordergrund, so erscheint die aktive Aufmerksamkeit verändert und die willkürliche Erzeugung von Hemmungsvorstellungen erschwert.

Wenn ich mir einen recht typischen Fall von Somnambulie*) vergegenwärtige, so steht mir sogleich die Lebhaftigkeit vor Augen, mit der die eingepflanzten Vorstellungen ergriffen und umgesetzt werden, ganz abgesehen von der Schnelligkeit, mit der die Suggestionen aufgenommen werden. Und wenn ich dann Analogien aus dem gewöhnlichen Leben aufsuche, so glaube ich dieselben vor allem im Seelenleben des Kindes zu finden, das dem Naturmenschen ähnlich im traumhaften Dasein hindämmert, unkontroliert die Befehle der Mutter aufnimmt und alles Abstrakte mit dem Schein des Konkreten

---

*) Unter „Somnambulie", „Hypnose" u. dgl. ist im Folgenden nie ein lethargischer oder kataleptischer Zustand verstanden, sondern ein solcher Zustand, der sensible und motorische Veränderungen umfasst; über den Unterschied der beiden Gruppen habe ich im 14. Teil der *Proc. P. R.* gehandelt. Auch berücksichtige ich im Folgenden nur die tieferen Grade der Somnambulie.

umkleidet. Bernheim drückt das in seiner Weise so aus, dass er die hohe Suggestibilität und die entsprechend leichte Hypnotisierbarkeit der Kinder betont. Aber die Vergleichung reicht weiter. Eine der Versuchspersonen des Herrn Janet, N . . ., die nach dem Einschlafen nichts von ihrer Persönlichkeit weiss, will Nichette genannt werden; wie sich später herausstellte, wurde sie so als kleines Kind gerufen. Gibert berichtet von einer dreissigjährigen Frau, die, zum erstenmal hypnotisiert, von sich selbst als von der kleinen Lili sprach; Lili war ihr Kosename in der ersten Jugend gewesen. Es scheint also bei ihr ein Bewusstsein von einer Herabminderung ins Kindliche, Unentwickelte vorhanden gewesen zu sein. — Ich erinnere ferner an den Vorfall mit der Schürze bei Frau B . . . Léontine lehnte es ab, Léonies Zuknüpfen als eine vollgültige Erfüllung ihrer eigenen Absicht gelten zu lassen und nahm das Manöver noch einmal vor. Ebenso führt das Kind einen autoritativ gegebenen Befehl aus, ohne viel daran zu denken, ob nicht durch einen Zwischenfall der Auftrag hinfällig geworden sein könnte, und die erwiesenermassen starke hypnotische Empfänglichkeit von Leuten, die an soldatischen Gehorsam gewöhnt sind, mag auf einer ähnlichen Verbindung beruhen. Der Umstand endlich, dass einzig und allein der Experimentator den von ihm gegebenen Auftrag rückgängig machen kann, mahnt gleichfalls an die Art des Kindes, dem das „Mama hat's gesagt" einen festen Halt wider alle Anfechtung giebt. Dass der Gegenbefehl des Hypnotisten an das sekundäre Selbst gerichtet werden muss, an dasselbe Unterbewusstsein, das den ersten Befehl empfangen, will ich beiläufig einschalten: es liegt ja auf der flachen Hand, weshalb eine posthypnotische Suggestion durch alles Zureden gegenüber dem wachen Sujet nicht vernichtet wird.

Die Bedeutung der berichteten Thatsachen für unsere Auffassung von dem Wesen der menschlichen Persönlichkeit ist schon des öfteren hervorgehoben. Der Normalmensch ist aktuell ein Einfaches, potentiell ein Mehrfaches, da er in sich die Möglichkeit einer verschiedenen Gruppierung von Persönlichkeitselementen birgt. Diese Elemente lassen sich in zwei grosse Klassen scheiden. Den triebkräftigen Mutterboden unseres Innenlebens bildet eine

— 35 —

Seelenregion, die uns dem Naturmenschen und dem Kinde mit
ihrer Beeinflussbarkeit und instinktmässigen Gefühlsart nähert; über
ihr erhebt sich der erworbene Zusammenhang der Hemmungs-
zentren als regulierender Apparat, dessen Wirksamkeit in allen
jenen Zuständen versagt, die von der Norm des wachen Lebens
abweichen.

Hält man die Erfahrungsthatsache daneben, dass jede seelische
Thätigkeit mit zunehmender Ausbildung an Bewusstheit verliert —
das Lesen vom Buchstabieren an bis zum Überfliegen der Sätze;
der Klavierspieler —, so kann man „Bewusstsein" als den sub-
jektiven Ausdruck der Erwerbungsarbeit unserer Seele betrachten,
als die Begleiterscheinung einer unvollkommenen Verbindung von
Nervenbahnen oder, rein psychologisch ausgedrückt, als den Mangel
an Gewohnheit. Der billige Einwurf gegen die Aufstellungen des
zweiten Abschnittes, dass es sich bei den automatischen Bewegungen
bloss um gewohnheitsmässige Akte handele, wird hierdurch auf
sein richtiges Mass zurückgeführt. Auf der anderen Seite besitzt
übrigens die fortdauernde Mechanisierung ursprünglicher Willens-
handlungen auch ihr Gutes. Sie entlastet nicht nur das Bewusstsein von der Lenkung einer Masse untergeordneter Lebensver-
richtungen, sondern sie entbindet zugleich die höchsten Leistungen
der Seelenthätigkeit.*)

Was folgt? Die Entwickelung des Seelenlebens durch die
Klassen der Geschöpfe hindurch geht den Weg von der Republik
zur Monarchie. Zu unterst eine Fülle von gleichgeordneten Mittel-
punkten. Die Ausbildung der einzelnen lässt sie zu Mechanismen
herabsinken, deren Verrichtung keiner Verstandesarbeit bedarf.
Allmählich scharen sie sich immer mehr unter Ein Oberhaupt und
beim Menschen giebt es schon eine ziemliche Summe von nervösen
und psychischen Vorgängen, die sich schlechterdings ohne Bewusstsein vollziehen, weil sie in einer jahrtausendelangen Vergangenheit
geübt worden sind. Andere, erst bewusst, werden im Verlauf des
individuellen Daseins der Kenntnis entzogen und können sowohl
durch den Willen — ich kann jederzeit buchstabierend lesen —

---

*) Vgl. Wundt in den Philos. Studien, V, 3, S. 378. Leipzig, 1889.
3*

als auch durch die künstliche Freimachung dieser unteren „Schicht" — in Bewegungen, besonders der Schrift, oder in Hypnose — aus dem Schlummer des Halbbewusstseins zu neuem Leben erweckt werden. Die bewusste Seelenthätigkeit trägt, physiologisch genommen, den Charakter der Unvollkommenheit, Mühseligkeit und zeichnet sich durch die Masse der Hemmungen aus.

Die Voraussetzung einer wichtigen und umfangreichen Halbbewusstseinssphäre lässt das normale Ich als einen Ausschnitt aus der viel weiter fassenden Seelenwelt erscheinen. In ihren matterhellten Räumen bewegen sich die Änderungen der Gefühlslage und die Spannungen der Triebe, deren Wirkungen allein für die selbstbewusste Persönlichkeit hervortreten. Hier, in dieser Sphäre der natürlichen Reflexmässigkeit und Sinnfälligkeit, wurzelt die ganze Energie der Seelentiefe, aber sie wird gemildert durch den Ordnungsapparat der dem *milieu* entsprechenden Vorstellungsmassen. Versagt die Hemmungsvorrichtung ihren Dienst, so entstehen die parapsychischen Zustände; wird über die in ihr repräsentierte Wirklichkeit absichtlich hinausgegangen, wird ihre Wirksamkeit herabgesetzt, ohne doch ihre Verwertung auszuschliessen, dann erhalten wir die innere Organisation des genialen Menschen. Und erst der passive Automatismus der Trugwahrnehmungen, das Gegenstück zu dem aktiven Automatismus der Bewegungen, enträtselt uns letztlich das geheimnisvoll fremdartige Seelenleben des Propheten und Ekstatikers. Denn ihre „Gemeinschaft mit Gott" besteht als innere Erfahrung vornehmlich in der machtvollen Verknüpfung eines seelischen Vorganges mit einem Ausser-Ich: das Persönliche verschwindet und das Bewusstsein gehört ganz und gar dem Gegenstand des Gedankens. Dies von altindischer Weisheit als letztes Ziel gepriesene Aufgehen in ein Überpersönliches beobachten wir tagtäglich in seinen ersten Ansätzen, so oft wir uns in das Nachdenken über einen Gegenstand „verlieren"; die weitere Ausbildung strebt nun danach, den erworbenen Zusammenhalt des Wirklichkeitsbewusstseins zu schwächen und die Empfänglichkeit gegen die störenden äusseren Reize abzustumpfen.

Nach den vorangegangenen Erörterungen könnte es vielleicht so aussehen, als bedeute das Übergewicht des Unterbewusstseins einen höheren Zustand der Seelenthätigkeit. Das ist keinesfalls richtig. Ein solcher Zustand kann zu den höchsten Leistungen Anlass geben, ohne doch selbst auf hoher Stufe zu stehen, er ist der ursprünglichere aber zugleich niedere, er funktioniert am vollendetsten, aber nicht in der der Wirklichkeit und dem Lebenszweck entsprechendsten Weise. Man hat sich in Frankreich darüber gewundert, dass die sekundäre Persönlichkeit von Félida X . . . der primären in vielen Stücken überlegen ist, an Temperament, an Intelligenz und besonders an Vollständigkeit der Erinnerung. Aber wem würde es einfallen, von dem erwachten Schläfer, dem ernüchterten Trunkenbold, dem geheilten Fieberkranken zu behaupten, dass sie in einem unvollständigen Zustand sich befänden, weil sie ihre Träume, Rauschreden, Fieberphantasien vergessen haben?

IV.

Es handelt sich in diesem Abschnitt um eine etwas feinere Untersuchung des Bewusstseinsbegriffes und um den Versuch, die noch ungelösten Schwierigkeiten, die wir vorfanden, nach Möglichkeit zu beheben.

Wenn man die lange Reihe der Begriffsbestimmungen des Bewusstseins durchmustert und mit dem Sprachgebrauche vergleicht, so erhellt, dass die Worte Bewusstsein und Nichtbewusstsein in doppeltem Sinne gebraucht werden. Absolut unbewusst nennen wir alle Daseinsäusserungen der nichttierischen Welt, indem wir von einem bloss metaphysisch zu begründenden Panpsychismus absehen, absolut bewusst demnach die Vorgänge, die sich in einem Lebewesen abspielen. Es steht natürlich nichts im Wege, auch dem Baume Bewusstsein zuzusprechen; wer aber, auf dem Boden der Erfahrungswissenschaften stehend, eine Hypothese nur dann zulässt, sobald sie durch Thatsachen schlechthin gefordert wird, der wird wohl fürs Erste von einer solchen Ausdehnung des Begriffes Abstand nehmen können. Nun nenne ich jedoch innerhalb der tierischen Welt relativ bewusst einen verhältnismässig kleinen Abschnitt der nervösen Processe und schreibe den

weitaus grösseren Rest dem (relativ) Unbewussten zu. Es
liegt auf der Hand, wie verschieden die Bedeutungen sind, welche
in den beiden Fällen mit dem Wort „Bewusstsein" verbunden
werden. Einmal soll es das unterscheidende Merkmal des Psychischen
im Verhältnis zum Physischen ausdrücken, das andere Mal soll
es innerhalb beseelter Organismen diejenigen Vorgänge, die zu
einer Einheitsbildung geführt haben, von denjenigen trennen, welche
dem Rahmen der Synthese fern bleiben. Ob die letzteren nicht
in sich bewusst sein können, bleibt damit noch dahingestellt.

Hier greift nun die neuere Physiologie ergänzend ein. Ihre
erfolgreiche Thätigkeit hat es dem Psychologen nahe gelegt, in
der Darstellung der nervösen Verhältnisse die eigentliche Erklärung
und in dem Bewusstsein ein Epiphenomenon zu sehen. Man
denke sich zwei Uhren, von denen die eine durch lautes Schlagen
die Stunde anzeigt, während die andere nicht schlägt. Beide
gehen ganz gleichmässig; es wird also dem Wert der Schlaguhr
keinen Abbruch thun, wenn man das Schlagwerk herausnimmt und
sie der anderen völlig gleich macht. Das Schlagwerk ist eine
nette Zugabe, nichts weiter. Seht, sagt der Physiologe, genau so
steht es mit dem menschlichen Bewusstsein: denkt es Euch fort
aus dem Räderwerke des Organismus und Ihr werdet der Maschine
nichts von ihrer Vollkommenheit rauben. — Auf den konkreten
Fall angewendet und des Gleichnisses enthüllt, würde die Theorie
sich folgendermassen gestalten. Da die Erzeugung von Vorstellungen auf einer Reproduktion von Hirnerregungen beruht, lassen
sich Reihen von Hirnerregungen denken, denen das Epiphenomenon
des Bewusstseins fehlt. Jetzt brauche ich bloss Bewusstsein in
der absoluten Bedeutung zu fassen, d. h. es mit dem Seelischen
überhaupt gleichzusetzen, um zu dem Schluss zu gelangen: In
allen den Fällen, wo es sich um eine sog. unbewusste Weiter-
verarbeitung gewisser Gedanken handelt, sind keineswegs psychische,
obschon nicht bewusste Zustände anzunehmen, sondern einfach
Reihen von Nervenerregungen, denen jede subjektive Innenseite fehlt.

Solchen landläufigen Anschauungen liegt eine unberechtigte
Vermengung des absolut und relativ Unbewussten zu Grunde.
Das relativ Unbewusste, etwa das Festhalten einer die

Stimmung beeinflussenden Vorstellung, soll erklärt
werden. Dieses Unbewusste heisst deshalb so, weil es in der
augenblicklichen Einheitlichkeit von Seeleninhalten nicht umfasst
ist; es entspricht aber durchaus nicht dem absolut Unbewussten
der Steine und Bäume. Erst dadurch, dass Beides vermengt und
das absolut Unbewusste dem Physischen gleichgesetzt wird, lässt
sich die Folgerung ermöglichen, dass jenes Festhalten einer Vorstellung kein seelischer, sondern ein ausschliesslich physischer
Vorgang sei. — Weit schwerer aber wiegt ein anderes Bedenken.
Im allgemeinen neigt man heute der Gesamtauffassung des
Parallelismus zu, die ihre grossen, meist unterschätzten Mängel
besitzt, indessen dem gegenwärtigen Bedürfnis am besten genügt.
Nun, wenn man es ernst mit dem Parallelismus meint, dann darf
man nicht auf der einen Linie mit Lückenbüssern aus der anderen
operieren. So lange die Psychologie nicht zu einem „Nebenerfolg
der Physiologie"[*]) herabgesunken ist, so lange muss sie die von
ihr verlangten Erklärungen in sich selber zu finden versuchen.
Was soll sie gar mit einer Theorie, nach der das Psychische
beliebig auftauchen und fortfallen kann! Auch für die innere
Erfahrung gilt eine Causalität. Ähnlich wie für jedes körperliche
Phänomen ein anderes körperliches als Ursache aufgesucht werden
muss, so muss jeder seelische Vorgang in einem anderen seelischen
wurzeln. Das psychische Leben pausiert in seinem Zusammenhang
ebensowenig wie das physische; ein Psychologe, der in der Entwickelung der inneren Zusammenhänge ganze Glieder ausfallen
und durch Parallelprocesse der Aussenseite ersetzt werden lässt,
giebt die Kontinuität des Seelenlebens preis.

---

[*]) Lipps, Grundthatsachen des Seelenlebens, S. 4. — Wenn Volkelt
in dem bekannten, von Wundt kritisierten Aufsatz (Fichte's Zeitschr. 1887,
S. 1 ff.) auf die Unmöglichkeit hinweist, „aus den Bewegungsvorgängen in
Nerven und Gehirn als solchen, ohne früher auf dem Wege der unmittelbaren inneren Erfahrung von den Bewusstseinserscheinungen Kenntnis gewonnen
zu haben, auch nur auf das Vorhandensein dieser letzteren .... zu schliessen",
so scheint er, durch den doppeldeutigen Begriff der „inneren Erfahrung" ver-
leitet, die zweifellose Thatsache, dass wir denkende-fühlende-wollende Wesen
sind, mit der anfechtbaren Methode der introspektiven Selbstbeobachtung zu
verwechseln.

Dazu kommt, dass die gewöhnliche Ansicht den selbsterlebten Thatsachen nicht gerecht wird. Ich darf vielleicht ein Beispiel der eigenen Erfahrung heranziehen. Als ich vor kurzem einem Primaner bei der Lösung einer mathematischen Aufgabe behilflich sein sollte, war es mir nicht möglich, den richtigen Ansatz zu finden und ich liess deshalb die Sache liegen, ohne im mindesten darüber weiter nachzudenken. Zwei Stunden später, bei Tisch, schoss mir plötzlich die Formel in den Kopf, in der die gegebenen Grössen hätten gruppiert werden müssen. Ein ganz alltägliches Ereignis, wie es jeder Leser oftmals erlebt haben wird. Entspricht diesem Thatbestand die „Erklärung" der physiologischen Psychologie: es handele sich um einfache Nervenerregungen, welche zum Unterschiede von anderen Nervenerregungen der begleitenden Seelenvorgänge ermangeln? Die Aufstellung der Ansatzformel in unserem Beispiele als eine reine körperliche Thätigkeit zu bezeichnen, hat nicht mehr Sinn als die Behauptung, dass Eisen denke. Wenn wir solche Operationen nicht der seelischen Arbeit zuweisen wollen, dann brauchen wir überhaupt keine seelische Arbeit anzunehmen, sondern können uns mit dem plumpsten Materialismus zufrieden geben. Ausserdem ist nicht einzusehen, weshalb der physiologische Vorgang, der der Aufstellung der Formel (sei sie bewusst oder unbewusst vorgenommen) entspricht, in dem einen Fall von einem psychischen Akt begleitet sein soll und in dem anderen nicht. Da in beiden Fällen der gleiche Zweck erreicht wird, so liegt keine Veranlassung vor, die fruchtbare Thätigkeit ausserhalb des Bewusstseins das eine Mal für psychophysisch, das andere Mal für physisch zu erklären. Ja, diese Theorie führt im Grunde zu einer ganz mystischen Auffassung der Seelenfähigkeiten. Ihr zufolge nämlich besässe die Seele das Vermögen, nach Belieben gewisse innere Vorgänge mit Bewusstsein zu beleuchten oder im Dunkeln zu lassen, die automatischen Bewegungen beim Klavierspiel beispielsweise der Hirnthätigkeit zu überweisen, aber gelegentlich auch für das Bewusstsein in Besitz zu nehmen. Wie die Seele dazu kommt, wird freilich nicht erklärt.

Und je weiter wir uns in diese Theorie einlassen, desto mehr häufen sich die in ihr enthaltenen Schwierigkeiten. Die

Voraussetzung der üblichen Theorie liegt bekanntlich in der Annahme, dass in den unzähligen Zellen der Grosshirnrinde Bilder
sitzen, die als Überbleibsel der Wahrnehmungen seit Haller
„Spuren", als Stoff der seelischen Thätigkeit seit Hartley „Dispositionen" genannt werden. Abgesehen davon, dass die so
gedachten physiologischen Einheiten trotz den zahlreichen Centren
und Verbindungsbahnen weder dem Reichtum des inneren Lebens
sich anzunähern, noch den stets wirksamen Spannungselementen
der Gefühle und Triebe gerecht zu werden vermögen, substantiieren
sie auch die Vorstellungen in einer aller Erfahrung widersprechen-
den Weise. Unsere Vorstellungen sind nicht starre
Grössen. Jedesmal, wenn eine Vorstellung zur Verwertung gelangt, hat sie sich innerlich gewandelt, gleichviel ob sie konkreten
oder abstrakten Inhaltes ist; das innere Bild des Pferdes wechselt,
so oft es auftauchen mag, und der Begriff „Psychologie" ändert
sich mit jedem einzigen Male, wo er in die Reihe einer Gedanken-
entwickelung eintritt. Unsere Vorstellungen sind ferner nicht
getrennte Wesenheiten. Sie stehen in einem so innigen Verhältnis, dass eine Mechanik, welche sie äusserlich in Beziehungen
setzt, kaum als angemessener Ausdruck der erlebten Wirklichkeit
betrachtet werden kann. Unsere bewussten Vorstellungen sind
endlich nicht unabhängig von dem bereits erworbenen Zusammenhang und dem verdunkelten Hintergrund des Seelenlebens. Zahl-
lose Fäden verbinden einen gegenwärtigen psychischen Ablauf mit
verwandten Elementen früherer Erfahrungen: selbst die geringsten
Associationen von unerheblicher Bewusstseinsstärke bauen sich auf
einem Zusammenhang als ihrer Vorbedingung auf, der in der
physiologischen Theorie ohne Berücksichtigung bleibt. Zuzweit
versagt die Theorie, wenn wir bedenken, wie sehr der gesamte
bewusste Vorstellungsverlauf durch seine unbeleuchtete Umgebung
bedingt und begründet ist. Besteht diese Umgebung in lediglich
physiologischen Dispositionen, so fehlt jede Erklärung des thatsächlichen Abhängigkeitsverhältnisses. Die Erscheinung des Inter-
esses, die Erfahrung, dass wir gleichmässige, unbewusst percipierte
Reize nachträglich addieren können — das und vieles andere
lässt sich nicht in den Rahmen der genannten Hypothese einfügen.

Ich ziehe jetzt die Folgerung aus den vorangeschickten Darlegungen. Es scheint aus den verschiedensten Gründen notwendig zu sein, im Sinne wissenschaftlicher Vermutung der ausserhalb des relativen Bewusstseins sich abspielenden Thätigkeit neben ihrem physischen auch einen psychischen Charakter zuzuerkennen. Betrachtet man nun das absolute Bewusstsein ebenso als ein wesenhaftes Merkmal aller seelischen Vorgänge, wie die Bewegung als dasjenige aller körperlichen Vorgänge, so muss man auch den nicht in einer jeweiligen Synthese befassten Vorgängen Bewusstheit, wenngleich von etwas anderer Art, beilegen.

Zu eben denselben Schlüssen haben nun die Untersuchungen der experimentellen Pathopsychologie geführt. Ihr Verfahren stützt sich nicht auf physiologische Daten, sondern auf das zweite Hauptmittel der Psychologie, auf die Beobachtung anderer. Und zwar benutzt dieses Analogie-Verfahren die automatischen Bewegungen, um aus ihnen die inneren Vorgänge in der Versuchsperson mit demselben Recht zu bestimmen, wie der Astronom aus dem Spektrum die Zusammensetzung der Gestirne ermittelt, oder der Physiker elektrische Stromstärken an Winkelgrössen abmisst. Wenn eine scheinbar normale Person, während sie in lebhaftester Unterhaltung mit mir begriffen ist, gleichzeitig durch die automatisch schreibende Hand einem Dritten verständige Antworten auf Fragen erteilt, die zweifellos eine Überlegung erfordern, wenn sie alsdann, nach Beendigung des Experimentes, bloss von der mündlichen Unterhaltung als von einem bewussten Vorgang zu berichten weiss, so ergiebt sich unmittelbar, dass neben den Akten unseres „Bewusstseins" sich psychische Prozesse abspielen. Die Thatsache dieses inneren Dualismus habe ich „Doppelbewusstsein", die eine Sphäre desselben „Oberbewusstsein", die andere „Unterbewusstsein" genannt; ich habe ferner die Hypothese aufgestellt, dass die uns interessierenden Anomalien des Seelenlebens in einer Emancipation des Unterbewusstseins bestehen. Verhielte das sich wirklich so, d. h. bestände die Hypnose thatsächlich in der Freilegung einer unteren Bewusstseinsschicht, die, sonst bloss verborgen, hinter dem normalen Bewusstsein wirkt, so würde auch der zweite Satz erwiesen sein, nämlich der, dass die nicht

synthetisierten seelischen Vorgänge Bewusstsein besitzen. Um
hierfür die nötigen Beweisgründe beizubringen, müssen wir wiederum
etwas weiter ausholen.

Eine lange Reihe von Untersuchungen an niedersten Tieren,
von denen bloss diejenigen Max Schulzes (Amöben, Gromien)
und diejenigen Oskar Schmidts (Kraken, Hummern) genannt
sein mögen, legen es nahe, die übliche Bindung des Bewusstseins
an ein Gehirn fallen zu lassen. Der kleinste Ganglienknoten,
oder richtiger das Protoplasma scheint bereits Bewusstseinsfähig-
keit zu besitzen. Ob diese Fähigkeit aktuell wird oder nicht,
hängt von der Erweckung durch äussere Reize ab. Vereinigen
sich nun die „Bewusstseinszellen" zu einer Organismen-Colonie, so
verlieren sie ihr isoliertes Bewusstsein nebst dem darauf sich auf-
bauenden isolierten Gedächtnis, und verbinden sich zu einer
Summe, in der eine Anzahl Faktoren zu je einem Einheitsgebilde
zusammengefasst werden kann *). Ein solches Centrum bildet sich
bei gewissen Tieren in der Anlage zum Rückenmark. Je mehr
sich das Cerebrospinal-System vervollkommnet, desto mehr verschwindet die Selbständigkeit unterer Centren, und beim Menschen
beispielsweise ist die Eigenthätigkeit des Rückenmarks völlig durch
die Machtentfaltung des Gehirnes, die der subkortikalen Partien
zum grossen Teil durch die Monarchie der Grosshirnrinde unter-
drückt. Welche Beschaffenheit den unteren Stufen des Bewusstseins innewohnt, lässt sich aus der Theorie der Psychogenesis **)
kaum ableiten, höchstens aus der vergleichenden Tier- und Kinder-
Psychologie wahrscheinlich machen. Für unsere augenblickliche
Betrachtung sind uns jedoch die Beiträge der Pathopsychologie
die wichtigsten. Ribot hat sich zuerst des schönen Kunstgriffes

---

*) Es kann daraus gefolgert werden, dass auch beim Menschen eine
umfassendere Synthese möglich ist, als die gewöhnlich vom Oberbewusstsein
geleistete. Das ist der richtige Kern in den Spekulationen von einem
„transcendentalen Subjekt" (du Prel) oder von einem „Metaorganismus"
(Hellenbach).

**) So scheint mir das Wort richtiger verwendet, als zur Bezeichnung
der Entfaltung des Seelenlebens im Kinde, wofür es z. B. Preyer gebraucht.

bedient, die Abfolge in der Zerspaltung des Bewusstseins gleichzusetzen mit der indirekt entsprechenden Abfolge in der Entwickelung und so aus dem beobachtbaren Krankenmaterial einen Rück-
schluss auf die der Beobachtung entzogene Entwickelung des
Bewusstseins zu gewinnen. Unter der Voraussetzung, dass die
Auflösung des Bewusstseins denselben Weg rückwärts einschlägt,
den die Bildung des Bewusstseins durch die Jahrtausende hindurch genommen hat, findet der französische Psychologe Gesetze
der Bewusstseinsgenesis. Etwa zu gleicher Zeit hat Huglings-
Jackson aus dem Studium der seelischen Zersetzung bei Epileptikern und aus der Analysis des Koma „*the lowest level of
evolution*", theoretische Belehrungen abgezogen. Aber auch Anomalien des täglichen Lebens geben uns erwünschte Auskunft über
die niederen Grade des Bewusstseins. Jedermann kennt die
Empfindung, die auf eine gewaltige seelische Erschütterung zu
folgen pflegt: ein Gefühl der Betäubung, Erstarrung, „Seelen-
lähmung"*). Man sieht und hört in solchem Zustand alles mit
erstaunlicher Schärfe, aber ohne die Spur einer Anteilnahme. Es
ist, als ob alle Vorgänge der Umgebung einen gar nichts an-
gingen, als ob sie in weiter Ferne sich vollzögen, gewissermassen
durch einen umgekehrten Fernseher angeschaut. Auch die
Bewegungsfähigkeit ist durch ein Gefühl schmerzhaften Druckes
gehemmt. Eine solche Dumpfheit des Bewusstseins ist in Zolas
Roman „*La bête humaine*" mit wunderbarer Kunst geschildert.
Ein Lokomotivführer sieht plötzlich auf dem Geleise einen mit
Marmorblöcken beladenen Wagen. Die Todesangst erzeugt jenen
Bewusstseinsumschlag: er erkennt genau die Pferde, das feine
Geäder des Marmors, er hört schon das Knirschen der zusammen-
prallenden Massen — und doch vermag er nicht den Rettungs-
gedanken zu fassen und die entsprechenden Bewegungen aus-
zulösen.

---

*) Dies bezeichnende Wort findet sich m. W. zuerst in Karl Philipp
Moritzens psychologischem Roman Anton Reiser III, 224. Die
moderne Physiologie verwendet nach Munks Vorgang das Wort in anderer
Bedeutung.

Ein wichtiges Selbstzeugnis in dieser Beziehung verdanken wir dem Schweizer Physiologen Herzen[*]). Ich bitte um die Erlaubnis, es in seiner ganzen Ausführlichkeit hersetzen zu dürfen. Unser Gewährsmann schreibt: „Während einer gewissen Epoche meines Lebens litt ich häufig an Ohnmachten und hatte Gelegenheit, die psychische Phänomenologie der Rückkehr zum Bewusstsein an mir selbst zu beobachten. Während des Anfalls herrscht das absolute psychische Nichts, das vollständige Fehlen jedes Bewusstseins[**]); dann beginnt ein unbestimmtes, unbegrenztes, unendliches Gefühl aufzudämmern, ein Gefühl des Daseins im allgemeinen, ohne irgend eine nähere Begrenzung der eigenen Individualität, ohne die allergeringste Spur einer Unterscheidung zwischen dem Ich und dem Nicht-Ich; man ist dann „ein organischer Teil der Natur", der Bewusstsein von der Thatsache seiner Existenz besitzt, aber durchaus keines von der Thatsache seiner organischen Einheit; man besitzt, kurz gesagt, ein unpersönliches Bewusstsein. — — — — Eine grosse Anzahl von Thatsachen machen es wahrscheinlich, dass die Extremitäten in dieser Phase des Erwachens schon Spinalreflexe als Antwort auf taktile oder schmerzhafte Erregungen auszuführen vermögen; aber die Hirncentren sind sicher noch nicht fähig in Thätigkeit zu treten. Infolge dieser Beobachtung glaube ich, dass das Rückenmark, wenn es von den Hirncentren plötzlich durch die Enthauptung getrennt wird, nur diese elementare Form der Empfindung behält, ohne irgend ein Unterscheidungs- oder Lokalisationsvermögen, ohne Kenntnis von den verschiedenen Teilen des Ich, noch von diesem Ich selbst, also nur von einem unbestimmten, verworrenen, unpersönlichen Bewusstsein begleitet. Ein derartiges Bewusstsein ist zweifellos auch die einzige Form desjenigen, welches wir bei den niederen Tieren annehmen können, denen specielle Organe mangeln;

---

[*]) Herzen, Grundlinien einer allgemeinen Psychophysiologie, S. 110. Leipzig, Günther, 1889. — Eigene Erfahrungen beim langsamen Erwachen aus tiefem Schlaf stimmen mit den Herzenschen überein.

[**]) Zu diesem Schluss ist Herr Herzen wohl kaum berechtigt. Was festgestellt werden kann, ist ja bloss die Erinnerungslosigkeit, nicht Bewusstseinslosigkeit.

und nur diese Form ist es auch, welche die Forscher übereinstimmend dem neugeborenen Kinde zuschreiben — — —."

Der von Herzen betonte unpersönliche Charakter eines solchen primären Bewusstseins hängt vielleicht mit einem weiteren Merkmal zusammen, das in dem Unterschied zwischen Bewusstsein und Kenntnis liegt. In den geschilderten und ähnlichen Zuständen finden wohl Empfindungen, aber keine Wahrnehmungen statt: ich empfinde optische und akustische Reize, ohne sie zu deuten, sie in ihrer Bedeutung zu kennen. Bewusstseinsinhalte haben und Kenntnis innerer Vorgänge besitzen fällt aber keineswegs zusammen, denn jede Kenntnis setzt einen Vermittelungsakt und eine Deutung voraus; während der Pubertät ist sich das Individuum der neuen Spannungs- und Gefühlskomplexe bewusst, ohne sie im eigentlichen Sinne des Wortes zu kennen. Es ist ein Bewusstsein dieser Art, rein affektiv, auf Empfindungen und Bilder zurückgeschraubt, ohne Urteils- und Persönlichkeitsbeziehungen, das wir in dem hypnoiden Zustand der Katalepsie feststellen. Alle Veränderungen, die wir an der Versuchsperson setzen, beharren (Janet S. 15) oder werden von ihr wiederholt; die Spontaneität offenbart sich bloss in der Vorliebe für Nachahmungen einfachster Akte (S. 18) und in der Association neuer Veränderungen an künstlich gesetzte, z. B. des Stirnrunzelns an die Ballung der Hand (S. 19). Spricht schon der letzte Umstand dafür, dass hier nicht gut von Bewusstlosigkeit, von einer Verwandlung seelischer in körperliche Zustände die Rede sein kann, so erweist die von Herrn Janet vortrefflich durchgeführte Analyse ganz schlagend, dass trotz aller Erinnerungslosigkeit, Unpersönlichkeit und Herabsetzung der Kenntnis es sich in der Katalepsie um einen psychischen Bewusstseinszustand handelt. Freilich ist eine ausserordentliche Verengerung, fast möchte man sagen Vernichtung, des Bewusstseinsumkreises eingetreten. Man kann jetzt eine einzige Erscheinung in diesen kleinen Kreis eintreten lassen, dann eine zweite hinzufügen und so gewissermassen Condillacs Traum verwirklichen. Dabei muss nun bemerkt werden, dass, wenn ein einziges Phänomen als Reiz die lebende Statue getroffen hat, die Empfindung bereits externalisiert, d. h. als nicht zum Ich gehörig erkannt wird,

Und eben hiermit ist der Übergang zu einer neuen Form
des Automatismus gegeben. In einer zweiten Phase der Hypnose
versteht die Versuchsperson, sobald ihr gesagt wird: „Geh' vor-
wärts!" und gehorcht blindlings. Sie vermag also den Sinn gehörter Lautkomplexe aufzufassen und in zusammenhängende Bewegungen umzusetzen. Aber sie stellt den aufgenommenen Bildern
keine antagonistischen Erinnerungen entgegen, sie urteilt nicht
über ihre Handlung, sie hört nicht die Spötteleien der Anwesenden.
(Janet S. 200.) Nur insofern hat sich das Bewusstseinsfeld
erweitert, als jetzt ganze Systeme von Reizen festgehalten und die
durch sie erweckten Vorstellungen stets nach aussen verlegt werden.
Zu einem solchen Sujet kann man nicht von einem Vogel sprechen,
ohne dass es ihn sieht oder zwitschern hört, während die stärksten
Geräusche der wirklichen Umgebung keine Reaktion hervorrufen.
Das darf nicht wundern. Bei der Dürftigkeit des Bewusstseins-
inhaltes und dem Fortfall jeglicher Hemmung erhalten die einzelnen
Komponenten eine Spielweite der Entfaltung, welche die Annähe-
rung an die zusammengesetzteren Eindrücke der Aussenwelt er-
leichtert. Besteht doch der Hauptgrund dafür, dass die Vorstellungen normaliter nach innen lokalisiert werden, vermutlich in ihrer
verhältnismässigen Einfachheit gegenüber den Sinnesempfindungen
und in ihrer von aller objektiven Gegebenheit abweichenden
Wandelbarkeit.
 Welche unzähligen Abstufungen liegen zwischen dem Kataleptischen, dessen Bewusstsein nur ein einziges Bild auf einmal
einschliesst, und dem Kapellmeister, der zu gleicher Zeit die
zwanzig Systeme der Partitur liest, das Tonchaos des Orchesters
in allen Einzelheiten auffasst, die Vorgänge auf der Bühne überschaut und durch Bewegungen das Ganze leitet! Wir müssen es
uns selbstverständlich versagen, hier dem Detail der Entwickelung
nachzugeben, und das um so mehr, als eine ähnliche Skala in den
künstlich erzeugten pathopsychischen Zuständen bereits mehrfach
(von Janet, Moll u. a.) beschrieben worden ist, und es uns ja
bloss darauf ankommt, die Verbindung mit den allgemeinen Pro-
blemen herauszuheben. Das Gemeinsame an den verschiedenen
Bewusstseinsgraden scheint in zwei Punkten zu liegen. Bewusst-

seinsinhalte schliessen sich zu Synthesen zusammen und beharren, sowohl gesondert, als auch in Synthesen. Eine Erklärung für diesen Thatbestand lässt sich freilich im Augenblick nicht geben. Indessen will das weit weniger besagen, als man denken könnte, denn die beiden aufgestellten Gesetze sind nicht lediglich psychologischer, sondern biologischer Natur. Die ganze organische Natur zeigt uns die Elemente in einer rätselhaften Verbindung; die ganze organische Natur ist ferner von dem Beharrungsgesetz beherrscht. Ebenso wenig wie in der körperlichen Welt geht in der geistigen etwas schlechthin verloren. Es ist bloss ein besonders auffallender Beleg dafür, wenn ein Hypnotisierter fünfzehn Jahre nach der ersten Hypnose genau die Eindrücke jener Hypnose zu reproduzieren vermag, oder wenn er unaufhörlich Worte nachspricht, die er gehört hat.

Der normale Seelenverlauf scheint nun darin zu bestehen, dass gemäss dem ersten Gesetz Inhalte sich zusammenfinden, und zwar verwandte Inhalte, die sich in einer herrschenden Synthese vereinigen, dass zweitens jede Einheitsbildung so lange beharrt, bis ein Teil ihrer Faktoren mit neuen Elementen zu einer neuen Gruppe verwachsen ist. Abweichungen liegen vor, so oft heterogene Elemente sich zu verbinden streben, oder die Synthesen verlangsamt bezw. übereilt werden. Uns interessiert hier bloss eine Abweichung, die darin gipfelt, dass ein Bewusstseinselement, statt sich in den Rahmen des augenblicklichen Bildungsvorganges einzufügen, sich plötzlich frei macht, andere Genossen um sich schart und so die herrschende Reihe durchbricht. Dieser Fall tritt beispielsweise bei dem sog. Gedankenwandern ein. Nach der (gewöhnlichen) inneren Erfahrung sieht es nämlich so aus, als ob eine Unzahl von Empfindungen, durch die herrschende Empfindungsgruppe in den Schatten gestellt, bloss dann zu einer Vereinigung gelangen könne, wenn sie mit Gewalt sich ihr Korporationsrecht erobert. In dem Augenblick, wo ich diese Zeilen schreibe, wiegt in mir der geschlossene Gedankenkreis, dem ich Ausdruck verleihen will, beträchtlich vor, daneben aber fühle ich die Feder in meiner Hand, sehe die sich formenden Buchstaben, höre den Lärm der Strasse und habe die Empfindung eines halbverdunkelten Asso-

ziationsspieles von allerhand Vorstellungen, Gefühlen, Trieben.
Mit einem Male drängt sich die Berührungsempfindung des Feder-
halters so in den Vordergrund, dass die vorwiegende Gedanken-
reihe zerstört wird: ich bringe den Federhalter in eine andere
Lage, denke daran, dass ich mir eigentlich einen Korkfederhalter
anschaffen wollte, nehme mir vor, das Versäumte morgen nach-
zuholen, und zwar auf dem Wege nach der Bibliothek, also etwa
gegen neun Uhr, — bis ich plötzlich aus solchen Träumereien
auffahre und den Entschluss fasse, meine Gedanken nicht mehr
in dieser Weise wandern zu lassen. Vertiefen sich derartige
Träumereien, so nehmen sie gern eine Richtung aufs Phantastische,
verengen das Bewusstseinsfeld dermassen, dass Anästhesien eintreten, und enden mit Erinnerungslosigkeit als ihrer Folge. Wir
haben es dann mit einer Erscheinung zu thun, die der Pathologe
als „Bewusstseinspause" bezeichnet und die vornehmlich in der
Hysterie und in der *Epilepsia mitior* studiert werden kann. Verstärkt sich der erwähnte Charakter des Phantastischen, so entstehen die bekannten Illusionen und Halluzinationen: man hört,
am Schreibtisch sitzend, den Namen rufen oder die Klingel
schellen, oder glaubt, einen bewegten Schatten zu sehen. Auch
Anfälle des *petit mal* hat O. Berger in der Form augenblicklicher,
in wenigen Sekunden wieder verschwindender Halluzinationen
gewöhnlich ängstlicher Art auftreten sehen. Vor allen Dingen
jedoch ist zu beachten, dass Vorkommnisse der geschilderten Art
bereits drei wesentliche Merkmale der Hypnose in sich schliessen,
nämlich Neigung zu Trugwahrnehmungen, Empfindungslosigkeit
und Erinnerungslosigkeit.

Nach diesen theoretischen Erörterungen erscheint es als leicht
begreiflich, dass eine Methode der Hypnotisierung darauf abzielen
muss, die ausserhalb des zweideutig so genannten „Bewusstseins"
(genauer ausserhalb der dominierenden Synthese) spielenden Bilder
zur Organisation, d. h. das Unterbewusstsein zur Herrschaft zu
bringen. Zahlreiche Berichte lehren denn auch, dass es genügt,
die Zerstreuungsakte zu systematisieren, um jenen
Bewusstseinsumschlag hervorzurufen, den wir Hypnose
nennen. War es von vornherein wahrscheinlich, die im völligen

Automatismus, z. B. in der Katalepsie allein vorhandenen Bilder im teilweisen Automatismus mit anderen zusammen zu finden, so machen die Hypnotisierungen durch Ablenkung der Aufmerksamkeit*) die praktische Probe des Exempels. Doch müssen wir uns zum vollen Verständnis des Sachverhaltes vor zwei naheliegenden Irrtümern hüten. Die künstliche Emanzipation unterbewusster Prozesse darf nicht mit einer willkürlichen Spaltung des Oberbewusstseins verwechselt werden. Eine Reihe von Versuchen**) hat gelehrt, dass die beabsichtigte Zerlegung der Bewusstseinsthätigkeit in intellektuelle Thätigkeit (lautes Vorlesen) und Muskelbewegungen (an einem graphischen Apparat) mit grossen Unregelmässigkeiten oder gänzlichem Aufhören der letzteren endet, dass dagegen bei nichtgekannter Spaltung der inneren Zuständlichkeiten dieselben Bewegungen automatisch und mit absoluter Gleichmässigkeit vollzogen werden. Zwei gleichzeitige Vorgänge in derselben Bewusstseinssphäre hemmen sich, zwei in verschiedenen Sphären gelegene laufen ohne gegenseitige Störung ab. Zweitens ist durch nichts erwiesen, dass im Bereiche des Unterbewusstseins die Synthesen überhaupt fehlen. Doch ist bisher noch nicht versucht worden, das angedeutete Verhältnis näher zu zergliedern. Es liessen sich wichtige Aufschlüsse gewinnen aus der wechselnden Art, wie in unserem Bewusstsein die geschlossen marschierenden Truppen der vorderen Linien sich unterstützen lassen von der zerstreuter ausschwärmenden Arrière-Garde oder von ihr überwältigt werden oder mit ihr im Kampfe liegen. So viel steht fest, dass die Stärke des Geistes in der Obmacht der seelischen Aktivität über die mehr automatische Seelenthätigkeit beruht. Was die Mehrzahl der Nerven- und Geisteskranken psychologisch charakterisiert, ist eine Zerlegung des natürlichen Systems, aus der die klinisch festgestellten Symptome mit überzeugender Leichtigkeit abgeleitet werden können.

Für die Praxis des Hypnotismus ergiebt sich die natür-

---

*) Diese hypnosigene Methode ist übrigens noch niemals bei den Darstellungen der juristischen Beziehungen geprüft worden, obwohl sie sicherlich die gefährlichste von allen ist.

**) Binet im Januarheft 1890 der Zeitschrift Mind, S. 46 ff.

liche Folgerung, dass es desto leichter sein wird, den anomalen
Bewusstseinszustand hervorzurufen, je enger das normale Bewusstseinsfeld ist, d. h. dass die erste Aufgabe des Hypnotisten darin
bestehen muss, den Umkreis der herrschenden Synthese nach
Möglichkeit und schliesslich bis auf Null zu reduzieren. Hierauf
laufen die meisten der altbekannten Massnahmen hinaus. Die
Schliessung der Augenlider bezweckt, die Masse der Gesichts-
eindrücke aus dem Bewusstseinsfelde zu entfernen, und genügt zur
Hypnotisierung bei den Individuen, welche in ihrer Synthesenbildung wesentlich auf Sinneswahrnehmungen angewiesen sind, wie
die Kinder. Einförmige Reize konzentrieren gleichfalls die im
Vordergrund befindlichen Bewusstseinsinhalte derart, dass die
übrigen sich allmählich sammeln und Besitz von der Persönlichkeit
ergreifen können. Andere bekannte Operationen fassen die Sache
gewissermassen am entgegengesetzten Ende an, indem sie erst ein
Element des Unterbewusstseins hervorlocken, verstärken und dadurch dann die nötige Verengerung der wachbewussten Synthese
herbeiführen, bis die neue Synthese zu stande kommt. Wenn
beispielsweise die automatischen Bewegungen der Hand verstärkt
oder die Zerstreutheitshandlungen systematisiert werden, so entsteht
sehr leicht das, was wir eine Hypnose nennen. Dasselbe findet
statt, und zwar besonders bei bereits früher hypnotisierten Individuen,
sobald ein der verborgenen Persönlichkeit zugehöriges Element künstlich hervorgezogen wird: dann zerstört dieses Element die ihm fremde
herrschende Reihe, assoziiert sich mit anderen schlummernden
Gebilden und eröffnet einen neuen Bewusstseinszusammenhang.

Die so entstandene Hypnose zeigt nun als wichtigstes Merkmal die Suggestibilität. Dass die Versuchsperson allen Beein-
flussungen leicht zugänglich, mit anderen Worten: in der Bildung
von Assoziationsreihen an äussere Anregungen gebunden ist, hängt
einmal von dem der Spontaneität entgegengesetzten Charakter des
Automatismus ab, alsdann auch von dem Umstande, dass die in
den Vordergrund gerückten Bewusstseinsinhalte verhältnismässig
gering an Zahl sind und ausser Verbindung mit den vorangegangenen stehen. „Weckt" man das Sujet, so wird wiederum ein
Sprung gemacht, dessen Folge bei tiefen Hypnosen die Erinnerungs-

4*

losigkeit zu sein pflegt. Diese Amnesie gilt selbstverständlich bloss
für das Oberbewusstsein; daher wissen die automatischen
Schreibereien auch im späteren Wachzustande sehr wohl von den
Vorgängen in der Hypnose zu berichten. Wie der neue Wach-
zustand als solcher an die Bilderkette, die gewaltsam zerstört
worden war, anknüpfen muss, so jede weitere Hypnose an die
den vorangegangenen Hypnosen eigenen Bewusstseinselemente.
Aber auch in der Hypnose wird die für sie geschaffene Synthese
von unzusammenhängenden Vorstellungen umspielt, welche ihrerseits sich in automatischen Bewegungen des Hypnotisierten äussern
können. Wir müssen also selbst in der Hypnose zwei Bewusstseinssphären unterscheiden, eine mit Persönlichkeitskenntnis zu-
sammengefasste und eine andere, ausserhalb der hypnotischen
Synthese stehende, die uns erst den Schlüssel zur Erklärung
verschiedener Erscheinungen liefert. Unter diesen seien vor
allen Dingen die viel besprochenen „negativen Halluzinationen"
genannt: der Versuchsperson wird vom Hypnotisten suggeriert, der
(in Wirklichkeit anwesende) Herr X sei fortgegangen und sie sieht,
hört und fühlt ihn nicht mehr. Nun bedarf es keiner langen
Auseinandersetzung dafür, dass eine solche Anästhesie bloss seelisch
sein kann, denn damit ein Gegenstand nicht gesehen werde, muss
er eben erkannt und von den anderen Objekten unterschieden
werden, kurz und gut: er wird zwar perzipiert, da kein körperliches Hindernis vorliegt, aber unter dem Druck der eingeflössten
Hemmungsvorstellung nicht der Synthese einverleibt. Wollen wir
erfahren, was der Herr X thut, so dürfen wir uns nicht an die
Persönlichkeit des Hypnotisierten, sondern bloss an seine
automatisch schreibende Hand wenden. In solchen System-
Anästhesien — so genannt, weil nur ein System von Empfindungen
ausfällt — ist demnach die Empfindung nicht aufgehoben, sondern
lediglich verschoben, dem nunmehr normalen Bewusstsein entrissen
und einer anderen Gruppe von Inhalten beigefügt. Ein krasser
und doch häufiger Fall von systematisierter Anästhesie besteht in
dem sog. „Rapport", wo die Versuchsperson nichts weiter als den
Hypnotisten und die von ihm ausdrücklich bezeichneten Gegenstände wahrnimmt.

Brechen wir indessen hier mit der Erklärung der Hypnose ab, und fragen wir uns lieber, wie sich denn die besprochenen Thatsachen zu der bekannten Lehre von der Einheit des Bewusstseins stellen. Eine Bewusstseinseinheit·in dem Sinne, als sei in jedem Augenblick nur je ein Element in der Seele thätig, giebt es nach den Erfahrungen unserer Wissenschaft nicht, vielmehr müssen wir eine gleichzeitige Mehrheit von Zuständlichkeiten annehmen, von denen mutmasslich zwei nebeneinander synthetisiert werden können. Die einfachsten Thatsachen des täglichen Lebens leiten auf die Hypothese des Doppelbewusstseins. Wenn eine Reihe verwickelter Bewegungen nach längerer Übungspause mit überraschender Leichtigkeit von statten geht — eine Beobachtung, die jeder Klavier- und Violinspieler gemacht haben wird —, wenn irgendwelche intellektuellen Fähigkeiten während eines zeitlichen Ausfalls ihrer Verwendung nicht ab-, sondern zunehmen, dann lässt sich das am bequemsten durch eine unbemerkte Fortdauer seelischer Arbeit erklären. Aber obwohl eine Einheit des Bewusstseins in diesem Sinne nicht zugegeben werden kann, existiert sie doch zweifellos in anderer Bedeutung. Das einfachste Vergleichungsurteil setzt einen Zusammenhang von Elementen voraus, wie er als Grundeigenschaft des Seelenlebens in der Verknüpfung einer Mehrheit von Inhalten zur Einheit deutlich hervortritt. Aristoteles sagt richtig, das Urteil „Süss ist nicht Weiss" sei unmöglich, sobald diese Empfindung an verschiedene Subjekte verteilt wäre. Jedes Beziehen, Abwägen, Vergleichen beruht darauf, dass die Bestandteile des Aktes unterschiedlich aufgefasst und doch in einer unteilbaren Verknüpfung aneinander gehalten werden. Die Bestandteile, zeitlich gesprochen, folgen nicht bloss aufeinander, und sie stehen, räumlich gesprochen, nicht bloss nebeneinander, sondern sie gehen einheitliche Bewusstseinsverbindungen ein, die in der Zeitlichkeit und Räumlichkeit der Aussenwelt nicht ihresgleichen haben. Dass bei solchen Vereinigungen die Komponenten trotzdem mischungslos erhalten bleiben, ist die eigentümliche Lebensbedingung der Seele. Hiermit ist zugleich die durchgreifende Verschiedenheit der psychischen von der physischen Welt verdeutlicht und von neuem die grundsätzliche Unhaltbarkeit

einer „Psychologie" dargethan, welche durch Beschreibung mate-
rieller Prozesse die inneren Vorgänge zu erklären vermeint. Inwiefern den Bewusstseinselementen die geschilderte Beschaffenheit
eignet, lässt sich nicht sagen; ebenso wenig aber lässt sich die
Notwendigkeit nachweisen, mit der von diesem Thatbestand aus
auf eine substantiale Seele geschlossen werden müsse.

Noch schwieriger gestaltet sich das Problem des Selbstbewusstseins im Zusammenhang mit den Untersuchungen der
experimentellen Pathopsychologie. Da es indessen wesentlich mit
dem Problem der Persönlichkeit verwebt ist, werden wir es erst
an der geeigneten Stelle des siebenten Abschnittes erörtern.

Wir blicken jetzt auf den Inhalt der vorangegangenen Aus-
führungen zurück. Nachdem wir die Ansicht vertreten hatten,
dass die Anomalien des Seelenlebens ernsten Studioms wert seien,
einmal deswegen, weil man den inneren Menschen nur halb kennt,
wenn man ihn bloss im normalen Zustand prüft, dann besonders
deswegen, weil pathologische Erfahrungen wichtige Rückschlüsse
auf die Konstitution als solche erlauben, versuchten wir eine Zer-
gliederung des Bewusstseins. „Bewusstsein" muss im weitesten,
absoluten Sinn als Kennzeichen aller seelischen Vorgänge verstanden
werden; das meist ausschliesslich so genannte Bewusstsein unterscheidet sich wesentlich durch vorherrschende Synthesenbildung
von den übrigen Seelenprozessen. Diesen übrigen Seelenprozessen
darf nicht eine bloss physiologische Bedeutung beigelegt werden,
weil ein solches Verfahren der Gesamtauffassung des Parallelismus
widerspricht, das Gesetz der psychischen Kausalität und Kontinuität
verletzt, eine Reihe sicherer Thatsachen nicht erklärt und schliesslich auf einer seit Hobbes üblichen falschen Deutung der Vor-
stellungsthätigkeit beruht. Die Schilderung des nichtsynthetisierten
Bewusstseins beginnt nun mit der Entstehung des Bewusstseins,
indem sie nicht von einer besonderen Fähigkeit der Seele, sondern
bloss von den elementaren Inhalten spricht. Es scheint, dass jede
Nervenzelle Bewusstseinsanlage besitzt — wie sollte auch, abgesehen von allen entwickelungsgeschichtlichen Gründen, sonst die
Summation von Zellen zu einem Gehirn ein Bewusstsein hervorrufen? Thatsachen verschiedener Art legen die Annahme nahe,

dass auf den untersten Stufen das Bewusstsein der Synthese zu
einer Persönlichkeit, ja überhaupt zu einer Kenntnis der bewussten
Empfindungen, zweitens auch der Spontaneität ermangele. Die
vorhandenen Inhalte erscheinen in der Form der Empfindung oder
des Bildes und werden häufig externalisiert. Die weitere Entwickelung, wie sie an der Hypnose Schritt vor Schritt verfolgt
werden kann, richtet sich nach den beiden Regeln, dass alle
Inhalte einen assoziativen Zusammenschluss erstreben und gesondert
oder in verschiedenen Synthesen beharren. Wenn heterogene
Gebilde sich verbinden wollen oder die fortlaufende Reihe zu-
sammengehöriger Synthesen sprengen, so liegen Abweichungen vom
normalen Verlauf vor. Als Abweichung muss es auch betrachtet
werden, wenn die herrschende Gruppe zu sehr vorwiegt und alle
anderen Inhalte völlig verdunkelt, so dass eine beträchtliche Verengerung des Bewusstseinsfeldes eintritt. Das normale Verhältnis
der herrschenden Synthese (Oberbewusstsein) zu den anderen
(vermutlich ungekannter Weise synthetisch zusammenhängenden)
Elementen (Unterbewusstsein) besteht im Parallelismus oder in
Zusammenarbeit. — Die Lehre von der Einheit des Bewusstseins
wird, wenn richtig gefasst, durch die Forschungsergebnisse der
experimentellen Pathopsychologie in keiner Weise berührt.

V.

Neben dem Bewusstsein ist der primitive Zusammenhang
von Empfindung und Bewegung eine zweite Grundthatsache
des Seelenlebens.

Ein Franzose, Destutt de Tracy, hat sich zuerst ein-
gehend mit diesem Problem beschäftigt. Gegen Condillac und
die Schotten betont er, dass jede Wahrnehmung eine Bewegungsempfindung enthalte und die Bewegung es vornehmlich sei, die
uns die Kenntnis einer Aussenwelt verschaffe. Maine de Biran
erweitert die Theorie, indem er zu der Bewegungsempfindung die
der Muskelanstrengung hinzutreten lässt. Alexander Bain unter-
wirft dann das Problem einer eindringlichen, aber unklaren Zer-
gliederung und teilt den gesamten Muskelsinn in zwei grosse

Klassen, in Spannungsempfindungen und in Bewegungsempfindungen, wobei die Thatsachen der Berührung und des Druckes freilich vernachlässigt werden. Von ihm sind Anregungen auf die deutsche Psychologie übergegangen, deren Leistungen als bekannt vorausgesetzt werden dürfen. Innerhalb der Wundtschen Schule hat sich besonders Nicolai Lange durch seine „Beiträge zur Theorie der sinnlichen Aufmerksamkeit und der aktiven Apperception" um den Nachweis verdient gemacht, dass jede Vorstellung einen motorischen Bestandteil in sich birgt.

In der That lehrt die einfachste Selbstbeobachtung, dass jede Empfindung sich in Thätigkeit umzusetzen strebt, und zwar entweder in Spannungen oder in Bewegungen. Was sollte auch ein Sinnesreiz überhaupt für einen Zweck haben, wenn anders er nicht den beseelten Organismus zu einer centrifugalen Reaktion veranlasste? Würde die zentrale Arbeitsleistung als nutzlos nicht schliesslich verkümmern müssen? „Dass jeder Reizwahrnehmung sich eine gewisse Muskelthätigkeit zugesellt, ist also kein Zufall, sondern bedingt durch die gesamte Entwickelung und die biologische Bedeutung des sensomotorischen Apparates," wie Münsterberg (Beiträge zur experimentellen Psychologie III, 27) mit vollem Recht behauptet. Eben darauf beruht es, dass schwere Geisteskrankheiten koordinatorische Bewegungsstörungen in Sprache, Schrift und Gang nach sich ziehen.

Greifen wir noch einmal auf die Vorgänge während des kataleptischen Zustandes zurück. Der Operator hebt einen Arm der Versuchsperson und dieser bleibt in der Luft stehen, mit anderen Worten: er kontrahiert seine Muskeln in einer Weise, welche das naturgemässe Herabfallen verhindert. Hier also beharrt eine Muskelempfindung, weil sie auf keine antagonistischen Vorstellungen stösst; es liegt der einfachste Fall vor, der des Zusammenfallens von Empfindung und Innervation. (Janet a. a. O. S. 57.) Wie steht es nun, wenn ich, statt die Bewegung selbst zu veranlassen, sie bloss vormache und dadurch die Nachahmung derselben erziele — eine Erscheinung, in der Heidenhain die Grundthatsache der Hypnose erblickte? Jetzt assoziiert sich an ein Wahrnehmungsbild eine Innervationsempfindung, die ihrerseits wieder die Bewegung auslöst. Aber wir müssen uns diesen Vorgang als einen ausserordentlich schnellen und durchaus automatischen vorstellen. Férés scharfsinnige Untersuchungen [*]) haben überzeugend erwiesen, dass jeder Reiz eine messbare Erhöhung der Spannungsverhältnisse hervorruft, deren Stärke eben von der Stärke des Reizes direkt abhängt. Matte Farben und leise Geräusche erzeugen eine geringere Pressung des Dynamometers als grelle Farben und laute Geräusche, ja Scheibendrehungen rufen eine verschiedene Reaktion hervor je nach dem Sinn der Drehung. Möglicherweise mag demnach auf das Bild einer bestimmten Bewegung ohne bemerkbares Zwischenglied die entsprechende Bewegung folgen. Freilich wird man fragen müssen, wieso die wesentlich verschiedenen Zuständlichkeiten der Wahrnehmung einer Bewegung und der entsprechenden Muskelkontraktion sich so eng verknüpfen, aber man wird auch zugeben dürfen, dass derselbe Unterschied zwischen der die Innervation bedingenden Erinnerungsvorstellung und der Bewegung selbst obwaltet, dass also im Grunde die Frage auf das Problem der Wechselwirkung zwischen Psychischem und Physischem hinausläuft. So leicht demnach die gleiche Schwierigkeit bei dem als drittes Phänomen der Katalepsie früher erwähnten Nachsprechen von gehörten Wörtern (Echolalie) sich bei Seite schieben lässt, so erstaunlich erscheint es doch auf den ersten Blick, dass ein vielfach zusammengesetzter Lautkomplex unmittelbar die verwickelte Leistung der entsprechenden Artikulation erwirken könne. Indessen, die Schwierigkeit schwindet bei einem Blick auf die Ergebnisse pathologischer Forschungen. Ihnen zufolge setzt sich jedes Sprachbild aus Gehörs-, Gesichts- und Bewegungs-Elementen zusammen, von denen die letzteren sich wiederum teils auf den Artikulations-, teils auf den graphischen Ausdruck beziehen[**]). Obwohl es nun nach den Erfahrungen an Kindern keinem Zweifel unterliegen kann, dass auch die beiden ersten Elementengruppen in einer ursprünglichen Bewegungsthätigkeit wurzeln, so werden

---

[*]) Ch. Féré, *Sensation et mouvement*, Paris 1887.

[**]) Die parallelen Krankheiten sind Worttaubheit, Wortblindheit, Aphasie, Agraphie.

— 58 —

sie doch häufig bei der späteren Entwickelung unbewusst und machen einem Mischverhältnis der Bestandteile Platz. Die innere Erfahrung zeigt dann bloss eine Resultante aus den ursprünglichen Faktoren, gleichwie der Klang eines Tones nicht in die ihn zusammensetzenden Obertöne vom Bewusstsein zerlegt, sondern als Ganzes aufgefasst wird. Aber trotzdem bezeugen die motorischen Inhalte bei einem rudimentären Bewusstseinsstand ihre Priorität, indem sie, selbst in vorwiegend auf Hören oder Sehen angelegten Menschen, das sofortige Aussprechen des inneren Bildes herbeiführen. Jede starke, seelische Erschütterung, z. B. durch Schreck, zeigt uns die Erscheinung des mechanischen Nachsprechens gehörter Wörter und ebenso ein bestimmtes Stadium der Hypnose*); dass es sich dabei um die Wiederherstellung ursprünglicher Zustände handelt, lehrt die biologische Theorie von der Entstehung der Sprache.

Die enge Verwandtschaft zwischen Empfindung und Bewegung erleidet keine Einbusse, wenn an die Stelle der Empfindung eine lebhafte Vorstellung oder gar eine Halluzination tritt, beziehungsweise die Bewegung durch die Suggestion der Bewegung ersetzt wird. (Janet S. 150.) Der Zusammenhang zeigt sich ferner deutlich darin, dass jede Anästhesie eine Unterdrückung der entsprechenden Spannung oder Bewegung mit sich bringt: die äussere und sichtbare Seite seelischer Thätigkeit ist eben nur der Schatten ihrer inneren und unsichtbaren Thätigkeit. (Janet S. 364.) Unempfindlichkeit des Gehörorgans hat Lähmung des Sprachapparates häufig zur Folge, während umgekehrt etwa Muskelkontrakturen oft von Empfindungslosigkeit der betreffenden Partie begleitet sind. Paralysen und Kontrakturen bieten dieselben Varietäten und Unterabteilungen wie die Anästhesien, entspringen denselben Umständen, seien sie natürlich entstanden oder künstlich gesetzt, und erklären sich endlich durch die gleiche Spaltung des Bewusstseins, wie sie den Empfindungsstörungen seelischer Art zu Grunde liegt. Denn selbstredend handelt es sich hier nicht um

*) Wenn anders man bei diesen kataleptiformen Zuständen von „Hypnose" sprechen will.

Erscheinungen organischer Natur. Deshalb gehen uns auch die physiologischen Versuche nichts an: B e l l s Versuch zerstört nicht die Empfindungs- oder Bewegungs f ä h i g k e i t, sondern die zur Aufnahme oder Entladung nötige Verbindungsbahn, und M u n k s Forschungen stellen die Existenz und nähere Begrenzung gewisser R e i z r e g i o n e n (nicht Centren) fest. Wenn daher eine hysterische oder eine hypnotisierte Person Berührungen, selbst Verletzungen nicht zu fühlen scheint, oder Bewegungen nicht auszuführen vermag, dann liegt das daran, dass die psychischen Vorbedingungen beider Erscheinungsgruppen nicht jener Bewusstseinssphäre angehören, der der Körperorganismus der Hauptsache nach untersteht.

Führen wir nämlich die im zweiten Abschnitt begründeten Unterscheidungen in unsere jetzige Analyse ein, so übersehen wir leicht v i e r M ö g l i c h k e i t e n d e s V e r h ä l t n i s s e s von E m - p f i n d u n g z u B e w e g u n g: Oberbewusste Empfindung erzeugt oberbewusste Bewegung — oberbewusste Empfindung erzeugt unterbewusste Bewegung — unterbewusste Empfindung erzeugt oberbewusste Bewegung — unterbewusste Empfindung erzeugt unterbewusste Bewegung. Der erste Fall entspricht der normalen Willenshandlung und dem Reflex. Ich nehme etwas wahr und reagiere darauf, sei es mit dem Bewusstsein der Spontaneität*), sei es mit dem des Zwanges. Der zweite Fall ist gleichfalls in zahllosen Erscheinungen verwirklicht. S t r i c k e r führt als Beispiele an, dass, wenn wir die Augen schliessen und an einen fliegenden Vogel denken, unser Körper sich sachte und unbemerkt in der gedachten Flugrichtung bewege und dass, wenn wir an einem reissenden Strome stehen, wir die unbewusste Neigung empfänden, uns in der Richtung seines Laufes zu bewegen. Auf einer Um- setzung oberbewusster Vorstellungen in unterbewusste Muskel- bewegungen beruht auch das sogenannte Gedankenlesen und eine

---

*) Für die Erklärung des Willkürgefühls verweise ich auf M ü n s t e r - b e r g s „Willenshandlung". Vgl. besonders S. 118: „Die Analyse des wirk- lich Gegebenen zeigte uns, dass zwischen die Vorstellung des Effektes und die Wahrnehmung desselben resp. zwischen die peripher ausgelöste Bewegungs- empfindung und die vorher reproduzierte Erinnerungsvorstellung derselben sich nichts, absolut nichts dazwischen schiebt."

Reihe von Gleys*) beachtenswerten Experimenten. Eben darauf
führt Binets Beobachtung zurück, dass bei Hysterikern einer
gewissen Klasse manche Vorstellungen durch subjektiv unbemerkte
aber objektiv sichtbare Bewegungen registriert werden, dass beispielsweise die Hand sich fünfmal hebt oder die Zahl Fünf in die
Luft malt, sobald die Person an Fünf denkt. Die Bewegungen
der Wünschelrute und des Tischrückens gehören in dasselbe Schema.
Und mit der dritten Form: unterbewusste Empfindung — oberbewusste Bewegung, treten wir ganz und gar in das Reich des
Spiritismus. Gedanken, die in der untersten Seelentiefe schlummern
und daher dem Individuum als fremde erscheinen, äussern sich
in den ihm bemerkbaren, wenngleich unverständlichen Bewegungen
des automatischen Schreibens und des Trancesprechens. Kein
Wunder, dass solche Mitteilungen einer zweiten Bewusstseinssphäre
an die die Persönlichkeit ausfüllende Synthese als Botschaften aus
der Geisterwelt gedeutet werden, und wahrlich kein Wunder, dass
der Spiritismus in Deutschland immer weiter um sich greift, da es
die berufensten Vertreter der Wissenschaft bis auf den heutigen
Tag verschmähen, die den mystisch-religiösen Theorien zu Grunde
liegenden Thatsachen zu untersuchen und dem Bannkreis des
Aberglaubens zu entziehen. — Für die vierte Gruppe unseres
Schemas, wo Empfindung und Bewegung unterbewusst bleiben,
braucht bloss an die *suggestion par distraction* erinnert zu werden.
„Während eine völlig wache Frau unausgesetzt mit Herrn
Binet sprach," berichtet Pierre Janet, „stellte ich mich hinter
sie und veranlasste sie durch leise gegebene Befehle, die Hände
unbewusst zu bewegen, ein paar Worte zu schreiben, meine Fragen
durch Zeichen zu beantworten u. s. f."

Es braucht kaum erwähnt zu werden, dass das natürliche
Wechselverhältnis sich verkehren und die Bewegung einer Empfindung vorausgehen kann. Auch für diesen Fall behalten die
vier Gruppen ihre Geltung, wie nicht weiter im Einzelnen nachgewiesen werden soll. Jedoch berührt sich hier unsere Erörterung
mit einer Grundfrage der gesamten Psychologie, auf die wir nun-

*) Rev. phil. XIV, 5 S. 539. 1889.

mehr kurz eingehen müssen, bevor wir der Empfindung und der
Bewegung im Einzelnen eine gesonderte Betrachtung widmen.

Eine weitverbreitete Anschauung betrachtet das Seelenleben
als aus drei successiven Akten zusammengesetzt: einem centripetalen,
einem centralen und einem centrifugalen. Mittelst des ersten und
des letzten Aktes verkehrt der Mensch mit der Aussenwelt, einerseits empfangend, andererseits gebend, dazwischen aber steht die
centrale Leistung der Seele, ein wenig durchsichtiger Zusammenhang von Vorstellungen, Gefühlen und Trieben. Weit verständ-
licher sind die beiden Aussenglieder, die nicht scharf genug voneinander geschieden werden können: der Empfindungsvorgang,
der durch Aufnahme und Verarbeitung von Reizen die Dinge in
das Innenleben eintreten lässt, und der Bewegungsprozess, der
durch Impulse und Handlungen in die äussere Wirklichkeit ein-
greift. So die herrschende Ansicht. Aber aus unseren Untersuchungen scheint die Folgerung mit Notwendigkeit sich zu ergeben, dass in der Struktur des Seelenlebens bloss zwei Glieder
unterschieden werden dürfen. Denn da es keine Empfindung
giebt, die nicht ein motorisches Element enthielte, und da keine
Bewegung existiert, die nicht von irgend einem Bewusstsein begleitet wäre, so lässt sich die übliche Trennung zwischen Empfindung und Bewegung nicht aufrecht erhalten. Gedanke und
Handlung sind so unlösbar miteinander verknüpft, dass ihr ge-
wöhnlicher Platz zu Anfang und zu Ende einer psychischen Kette
nur durch propädeutische Zweckmässigkeit gerechtfertigt werden
kann. Habe ich ein Wort vergessen, dann kann ich es auch nicht
aussprechen, vermag ich eine Bewegung nicht auszuführen, dann
fehlt mir auch das entsprechende Bild, vorausgesetzt natürlich,
dass keine organischen Erkrankungen vorliegen. Mit einem Wort,
es bestehen nicht zwei getrennte Fähigkeiten in uns, die sensible
und die motorische, sondern stets bloss eine einzige Thatsache, die sich ausnahmelos in den zwei Erscheinungen
der Empfindung und Bewegung äussert[*]). Dieselbe That-

---

[*]) Manche Empfindungskomplexe lassen sich überhaupt bloss von ihrer
motorischen Seite her beschreiben. Wie soll man z. B. den Durst anders
schildern als durch die Definition „Neigung zum Trinken?"

sache, welche, von innen angesehen, sich als Empfindung darstellt, erscheint, von außen angesehen, als Bewegung, wobei freilich die Stärke der Beleuchtung zwischen innen und außen dermaßen abwechselt, dass wir manchmal lediglich den Empfindungscharakter, in anderen Fällen nur den Bewegungscharakter wahrzunehmen vermögen.

Die neue Einsicht kommt ferner für die Handhabung physiopsychologischer Versuche in Betracht. Die ganze Reihe der Reaktionsversuche baut sich auf jener halbmetaphysischen Grundanschauung auf, deren Dreiteilung uns angreifbar erscheinen wollte, und ist von ihr nicht minder abhängig als die ältere Psychologie von der schroffen Trennung zwischen Leib und Seele. Es ist eine unbewiesene Voraussetzung, dass der zu messende Vorgang auf der Linie: Reiz — Empfindung — Innervation — Bewegung laufe. Ein konsequentes Ausdenken unserer üblichen psychologischen Annahmen muss sich sagen: keine Empfindung ohne in ihr enthaltene Bewegung, keine Bewegung ohne in ihr enthaltene Empfindung. Und nun denke man an die berühmte Unterscheidung sensorischer und motorischer Reaktion. Da haben wir ein passives und ein aktives Vermögen der Seele und zum Überfluss noch die allmächtige, frei bewegliche Aufmerksamkeit, die sich nach Belieben der passiven Empfindung oder der aktiven Bewegung zuwenden kann; die scharfsinnigsten Vermutungen werden aufgestellt, um von der Empfindung zur Bewegung hinüberzukommen und Versuchsergebnisse zu erklären, die übrigens meist an eingeweihten, somit suggestiv beeinflussten und deshalb eigentlich schwer verwendbaren Persönlichkeiten angestellt worden sind. Nicht viel besser steht es mit der Psychophysik (im weiteren Sinne), insofern sie zwischen Empfindung und Bewegung eine Mauer zieht und jene Erscheinung als eine wesentlich psychologische Thatsache, diese als eine wesentlich physiologische auffasst.

Wir nehmen nunmehr den durch die allgemeinen Erörterungen unterbrochenen Gedankengang wieder auf. Die Wahrnehmungen, durch Reize bedingt, haben den eigentümlichen Doppelcharakter, dass sie dem Bewusstsein zu gleicher Zeit als Objekte und als Veränderungen des Ich gegeben sind. In ihrer zweiten Eigen-

schaft können sie zu ausgeführten Bewegungen fortwirken: so
braucht man einem vorwiegend visuell angelegten Individuum bloss
die Suggestion zu geben, es sähe den rechten Arm in die Höhe
gehen, damit der rechte Arm sich thatsächlich bewege. (J a n e t
a. a. O. S. 148.)   Denn da die subjektive Seite der Bewegung
vorhanden ist, eine hemmende Vorstellung aber nicht existiert, so
äussert sich der Bewegungs-Antrieb, um dann durch die „Muskelempfindung" unter sonst normalen Umständen an die Person
Rücknachricht von dem Geschehenen zu geben.   Nun ist aber in
solchen Reaktionen eine auffallende Unterscheidung berührender
Reize von schmerzenden zu Tage getreten.   Es hat sich nämlich
herausgestellt, dass sowohl in tiefen Hypnosen, als auch bei
Hysterikern die Schmerzempfindlichkeit schwinden kann ohne
Verlust der Druckempfindlichkeit, und diese Beobachtung legt die
Vermutung nahe, dass beide Empfindungsarten ursprünglich geschieden gewesen sein mögen.   Unsere ältesten Vorfahren haben
vielleicht die Berührung gefühlt, indessen selbst bei stärkster Reiz-
anschwellung keinen spezifischen Schmerz gehabt, wie ja auch
Tiere, Neugeborene, Naturmenschen, Idioten und Gewohnheits-
verbrecher in weit geringerem Masse als der Kulturmensch für
Schmerzen zugänglich zu sein pflegen.   Je höher sich die seelische
Organisation im Kampfe ums Dasein entwickelt hat, desto stärker
hat sich die Schmerzhaftigkeit ausgebildet, so dass schliesslich
beispielsweise eine minimale Tondifferenz beim Vortrag eines
Musikstückes lebhafteste Unlust hervorzurufen vermag.

Für die Einwirkung der Empfindungen auf die Bewegungen sind Beobachtungen unserer Disziplin in ausserordentlich grosser Anzahl vorhanden.   Ich erinnere mich, in einer
spiritistischen Zeitschrift von einem Medium gelesen zu haben, es
habe den Text eines entfernt liegenden Buches nicht entziffern
können, aber, durch den kontrolierenden Geist geleitet, ohne
Schwierigkeit aufgeschrieben.   Vorausgesetzt, dass absichtlicher
Betrug nicht vorlag, so würde sich dieses Kunststück des „lieben
Freundes aus dem Sommerlande" bequem durch die angeführten
Daten erklären lassen.   Auch die Zusammenarbeit der motorischen
Thätigkeit e i n e r Bewusstseinssphäre mit den Wahrnehmungen der

anderen zieht gleich einem roten Faden durch die lange Reihe
spiritistischer Berichte. Die wissenschaftliche Erforschung dagegen
reicht erst zehn Jahre zurück*) und verdankt ihren Aufschwung
der unermüdlichen Arbeit Alfred Binets. Einige Beispiele
werden zur Erläuterung genügen. Dem anästhetischen rechten
Arm einer Hysterischen wird die Hand geführt und auf diese Weise
ein vom Operator gewähltes Wort geschrieben, ohne dass die mit
geschlossenen Augen dasitzende Patientin die Bewegungen bemerkte.
Aber auf Befragen weiss sie das Wort zu nennen und erklärt, es
sei ihr plötzlich vor dem inneren Auge erschienen „wie in Kreide-
schrift auf dunklem Grunde". Oder umgekehrt. Die Versuchsperson wird aufgefordert, ein beliebiges Wort zu nennen, und inzwischen ihre anästhetische Hand zur Niederschrift eines bestimmten
Wortes geführt: ausnahmelos nennt sie dann dieses Wort, jedoch
mit dem Gefühl einer völlig willkürlichen Wahl. Die Beziehungen
zur Frage nach der Willensfreiheit und die Ähnlichkeit mit den
posthypnotischen Suggestionen springen sofort ins Auge. Ja, einzelne
der Versuche besitzen eine Bedeutung für die Theorie der Lust-
und Unlustgefühle einerseits, für das Verständnis der Halluzinationen
anderseits. Wenn beispielsweise die anästhetische Hand stark
gestochen wird, so kommt es vor, dass die Patientin erklärt, sie
habe den Gedanken des Schmerzes, also etwa jene psychische
Unlust, die für uns mit der Erinnerung an einen Schmerz im
Gegensatz zum physischen Schmerze selbst verbunden ist. In
anderen Fällen sieht die Person auf einem vor ihr liegenden
weissen Papier die Stiche als schwarze Punkte, die sich übrigens
genau so gruppieren wie die Stiche auf der Hand.

Ein typisches Beispiel des engen Zusammenhanges zwischen
Empfindung und Bewegung sei zum Schluss etwas ausführlicher
mitgeteilt. Berichterstatter ist William James**), Versuchsperson ein einundzwanzigjähriger, vollkommen gesunder Student.
Das automatische Schreiben beginnt beim ersten Versuch mit
unleserlichen Stricheleien. Nach zehn Minuten wird die rechte

*) Vgl. Proc. Soc. Psychic. Res. III, 39.
**) Proc. American Soc. Ps. Res. I, 549.

Hand mehrmals stark mit einer Stecknadel gestochen ohne irgend
eine Reaktion, während die Linke sofort zurückgezogen wird und
das Sujet, dem die Augen geschlossen sind, fragt: „Was machen
Sie da?" James antwortet: „Ich will bloss sehen, ob Sie nicht
etwa einschlafen." Aber sobald die automatischen Schriftzüge
leserlich werden, treten die Worte hervor: „*You hurt me . . . Don't
you prick me any more.*" Die Persönlichkeit des Studenten jedoch,
insofern sie sich durch die Sprache äussert, weiss bloss von den
der linken Hand zugefügten zwei Stichen. „Hier," so folgert
James, „sehen wir das Bewusstsein in zwei Teile gespalten, die
beide durch das Ohr perzipieren, von denen aber der eine sich
durch den Mund, der andere sich durch die Hand äussert. Das
Mund-Bewusstsein weiss nichts von dem, was die Hand thut oder
leidet, das Hand-Bewusstsein nichts von den den anderen Körperteilen zugefügten Stichen." Und die Thatsache, dass die Hand
durch die automatischen Bewegungen und während ihrer Dauer
unempfindlich wird — unempfindlich in dem oben besprochenen
Sinne — besitzt für die Theorie eine ausserordentliche Wichtigkeit. Vielleicht auch für die psychiatrische Praxis, denn die häufigen
Fälle, wo einzelne Körperteile anästhetisch und unbeweglich werden
und deshalb von den Kranken einem anderen Eigentümer zuge-
wiesen werden, gehören hierher. James giebt einen Bericht Dr.
Barrows' wieder, dem zufolge eine Hysteroepileptische ihren
rechten Arm für ein ihr fremdes Glied erklärte, dieser Arm aber
eine aktive Rolle zu spielen begann, selbständig schrieb, handelte
und als Schutzengel des unglücklichen Weibes lange Zeit hindurch
gewirkt hat.

VI.

Gedächtnis im allgemeinen Sinne des Wortes bezeichnet
die Thatsache, dass Empfindungen, Vorstellungen, Gefühle, Triebe
ohne bedeutende Änderung ihres Inhaltes unter gewissen Bedingungen wieder auftauchen. Unter der Voraussetzung zweier
Bewusstseinssphären ist es zunächst sehr wahrscheinlich, dass sich
zwei Gedächtnisketten im Normalmenschen bilden. Inhalte,

die niemals in die beherrschende Synthese aufgenommen worden
waren, mögen unter sich Verbindungen eingehen und mnemonische
Zusammenhänge bilden. Dieser Fall liegt vor, wenn bestimmte
Reihen bloss im Traum, im Rausch u. a. f. auftauchen, oder
ein Hypnotisierter wichtige Bestandstücke seiner Persönlichkeit
nicht besitzt, sondern erst allmählich neue Erfahrungen sammelt,
die dann ausschliesslich auf das somnambule Dasein beschränkt
bleiben. Inwiefern diese beiden Erinnerungsschichten
sich ihrer Natur nach unterscheiden, wird durch ein von
Barkworth (Proc. S. P. R. VI, 95) berichtetes Experiment an-
nähernd bestimmt. Einem Hypnotisierten wird der Satz: „*All the
makers named are good*" vorgesagt und befohlen, ihn nach dem
Erwachen rückwärts aufzuschreiben. Das Sujet weiss nach Beendigung der Hypnose nichts von dem Vorgefallenen, schreibt
aber automatisch mit der seinem Auge entzogenen rechten Hand
während eines lebhaften Gespräches nicht nur die Worte, sondern
auch die Buchstaben in umgekehrter Reihenfolge. Eine ähnliche,
dem wachen Menschen meist fehlende Fähigkeit bezeugen die
zahlreichen Beobachtungen der Spiegelschrift bei spiritistischen
Medien und der anagrammatischen Form von Botschaften, mit
denen das Unterbewusstsein beispielsweise in den berühmten Fällen
„Clelia" und „Schiller" sich bekundet hat. Hieraus scheint zu
folgen, dass die ausserhalb der Synthese verbleibenden Vorstellungen
sich mehr dem Charakter der Wahrnehmungen nähern, was mit
ihrer Neigung zu halluzinatorischer Veräusserlichung übereinstimmen
würde. Bei der Wahrnehmung nämlich ein Wort rückwärts zu
lesen oder umzustellen unterliegt keinen Schwierigkeiten, während
dieselbe Operation ohne Sinnesanhalt nicht leicht gelingt. Es
ergiebt sich ferner, dass die Inhalte des Unterbewusstseins ähnlich
so nebeneinander stehen, wie die Glieder einer rein mechanisch
eingeprägten Vorstellungsreihe, weil sie des sonst bei der Aneignung
eingeprägten mnemotechnischen Zusammenhanges entbehren. Wir
lernen bekanntlich niemals so, dass wir in eine *tabula rasa* erst
ein Zeichen und davon getrennt ein anderes eingraben; nur für
die nichtsynthetisierten seelischen Bestandteile dürfte eine solche
Vereinzelung bestehen — fehlt ihnen doch der Zufluss aus tieferen

Bewusstseinsschichten, der sonst allen psychischen Neubildungen den inneren Zusammenhang verleiht.

Nun besitzen wir aber kein Recht, schlechthin von einem Dualismus zu sprechen. Auch Elemente aus der im Hintergrund befindlichen Vorstellungsmasse können sich, wie wir sahen, zusammenschliessen; es liegt demnach kein Grund vor, lediglich zwei Gedächtnisse in uns anzunehmen. Es können sich ebenso viele Erinnerungsketten wie Bewusstseinssynthesen bilden. Herbert Mayo berichtet einen Fall von fünf Reihen: das normale Dasein war durch vier verschiedene Krankheitszustände unterbrochen, deren jeder über einen bloss ihm eigenen Erinnerungsstock verfügte, so dass schliesslich fünf verschiedene Persönlichkeiten den Körper bewohnten. Pierre Janet erzählt uns die Geschichte einer Versuchsperson, bei der sich zwei Phasen der Hypnose scharf voneinander abhoben. Lucie III — die Zahl soll das tiefere Stadium der Hypnose bezeichnen — erinnerte sich der früheren gleichen Zustände, der schwächeren Hypnose und des normalen Lebens; ausserdem wusste sie genau zu berichten von allen den Dingen, auf die sich weder die wache Lucie I, noch die einfach hypnotisierte Lucie II jemals besinnen konnten: von den hysterischen Anfällen, den Halluzinationen, den natürlichen Somnambulien und dem nächtlichen Alpdrücken. Lucie II umfasste in ihrer Synthese bloss die Erinnerungen dieser ihrer hypnotischen Existenz und die des gesunden wachen Lebens, während Lucie I eben auf die letzteren beschränkt war. — Man lernt aus einem solchen Falle wiederum einmal, wie wichtig es ist, sich bei psychologischen Forschungen nicht mit dem wachbewussten Menschen zu begnügen, sondern auch in die gewöhnlich verborgenen, aber weitgestreckten Regionen des Traumbewusstseins vorzudringen: die Untersuchung Lucies in ihrem ersten Stadium würde ganz falsche Vorstellungen von der seelischen Organisation dieser Person und aller ihr Gleichen hervorrufen. Und die genaue Schilderung eines Einzelfalls besitzt stets Vorzüge vor den Allgemeinheiten, mit denen die Psychologie oft zu operieren pflegt.

Wir wollen daher ein besonders lehrreiches Beispiel etwas näher ins Auge fassen. Es handelt sich um die bekannte Blanche

Wittmann, an der Charcot lange Jahre hindurch die drei klassischen Stadien der Pariser Schule gezeigt hat. Diese Frau, ein Typus einer exquisiten Hysterie, kam vor etwa zwei Jahren aus der Salpetrière in die Pitié und wurde von dem Chef des letztgenannten Hospitals dem Assistenzarzt Jules Janet, einem Bruder Pierres, überwiesen. Janet*) schildert den damaligen *status praesens* wie folgt: Die Wittmann ist im wachen Zustande anästhetisch, sie hat den Muskelsinn verloren — sie zeigt das Rombergsche und Bellsche Symptom —, sie ist auf dem linken Ohre taub, ihr linkes Auge bietet eine fast vollständige Farbenblindheit, eine erhebliche Verengerung des Gesichtsfeldes und eine ausserordentliche Herabsetzung der Sehschärfe; ausserdem finden sich hysterogene und erogene Punkte. Unter der Einwirkung der bekannten hypnalgenen Mittel durchläuft die Person nun Katalepsie, Lethargie, Somnambulie mit ihren jeweiligen Kennzeichen. Damit aber nicht zufrieden, versucht Herr Janet eine neue Hypnose aufzupfropfen, indem er die hierbei merkwürdigerweise so wirksamen Striche verwendet; mit anderen Worten, er will einen neuen Zusammenschluss von Bewusstseins- und Gedächtnis-Inhalten veranlassen. Es gelingt, und der so ins Leben gerufene Zustand zeigt die folgenden Merkmale: Die Sensibilität ist völlig wieder hergestellt. Blanche Wittmann fühlt jetzt die beiden *11 mm* voneinander entfernten Spitzen des Aesthesiometers an der Innenseite des Daumens als zwei Punkte, sie empfindet Kalt, Warm und bei Erhöhung der Temperaturen sowie bei jedem stärkeren Reiz, einen erheblichen Schmerz. Auch der Muskelsinn ist normal geworden; während früher die Dynamometerprüfung Zahlen zwischen 6, 5 und 17 ergab, schwankt jetzt die motorische Kraft zwischen 30 und 45. Desgleichen sind die Mängel der Seh- und Hör-Fähigkeiten, sowie die hysterogenen und erogenen Punkte verschwunden; Halluzinationen können nicht mehr hervorgerufen werden. Mit einem Wort, anstatt eines neuropathischen Menschen haben wir nunmehr eine Frau vor uns, die sich der Gesundheit aller ihrer Nerventhätigkeiten erfreut, eine einzige

---

*) *Rev. scient.* XXV, 20, S. 616. 1889.

Unregelmässigkeit ausgenommen, nämlich die, dass sie in ausgeprägtem Isolierrapport zum Hypnotisten steht.

Macht man sich die neue Einsicht in die psychische Organisation zu Nutze, so ergiebt sich eine grosse Reihe von bedeutsamen Experimenten. Die Wittmann wird im wachen Zustand (Blanche I) heftig gestochen, ohne dass eine Reaktion erfolgte oder eine Empfindung zugestanden würde; lässt man sie dann die Phasen der Hypnose bis zum Eintritt der tiefsten durchlaufen, so sagt Blanche II sofort: „Sie haben mich eben gestochen und mir sehr weh gethan." Verabredet man in diesem Zustande automatische Zeichen für den Verkehr mit Blanche II während des Wachens, also während der Herrschaft von Blanche I, so lässt sich die Coexistenz der beiden Sphären mit Leichtigkeit feststellen. Es werden der Wittmann Farben vor das linke farbenblinde Auge gehalten: sie antwortet, sie erkenne sie nicht, aber im selben Augenblick zeigen die Bewegungen des Daumens und Zeigefingers, dass Blanche II vollkommen Bescheid weiss, wie denn auch nachher in tiefer Hypnose und in Chloroformnarkose alle Farben erinnert werden. Das sensomotorische Gedächtnis der wachen Person bildet einen notdürftig zur Existenz genügenden Ausschnitt aus einem unvergleichlich weiteren Gedächtniskreis, dessen grösster Teil freilich nur selten in Erscheinung tritt.

Es existieren nun zwei Möglichkeiten, nämlich die, dass der kleinere Kreis des Wachgedächtnisses exzentrisch, oder die andere, dass er konzentrisch zum grossen Kreise des Allgemeingedächtnisses liegt. Die erste Möglichkeit findet sich manchmal, obwohl sehr selten, in der Hypnose, häufiger dagegen in pathologischen Fällen verwirklicht; dann verfügt also der neue Zustand über einen anderen Erinnerungsschatz als das wache Leben, einen Erinnerungsschatz, der teils auf die Erfahrungen der ersten Jahre zurückzugreifen, teils sich auf ein Minimum zu beschränken pflegt. Die zweite Möglichkeit, die man an jeder tiefen Somnambulie beobachten kann, besteht darin, dass durch die Aufdeckung einer unteren Gedächtnisschicht — wenn ich dieses Bild gebrauchen darf — die Vorstellungskomplexe des wachen Lebens nicht vernichtet, sondern erweitert werden, und zwar durch das Hinzutreten einer

auf die Erlebnisse in früheren Hypnosen, auf Träume und sogenannte unbewusste Handlungen gestützten Gedächtniskette.

Um auf den Fall Wittmann zurückzukommen — ist es
nicht selbstverständlich, dass Blanche II über eine ganz andere
Summe reproduzierter Bewusstseinsinhalte verfügt als Blanche I?
Jene, im Vollbesitz der Sinnesfähigkeiten, diese halbtaub, halb-
blind, gefühl- und bewegungslos? Ohne Reiz kein Gedächtnis;
dem gemäss erwirkt die Ausschliessung von Reizgruppen eine entsprechende Verminderung von Erinnerungselementen. Von vornherein also können wir behaupten, dass eine enge und ständige
Verbindung zwischen dem allgemeinen Sensibilitätszustand und dem Zustand des Gedächtnisses besteht.
Gehen wir diesem Zusammenhang näher nach. Hering*) hat
„das Gedächtnis oder Reproduktionsvermögen als ein Grundvermögen
der organisierten Materie" nachgewiesen; Wiedererkennung und
Lokalisation sind nur Zuthaten einer ausgebildeten Intelligenz.
Die rückbleibenden Spuren gewisser Reize werden demgemäss am
leichtesten wieder auftauchen, wenn gleiche oder ähnliche Reize
gesetzt sind, und ein Vorstellungsgefüge schliesst sich mit besonderer
Vorliebe an den Wiedereintritt desjenigen Sensibilitätszustandes, der
bei seiner Entstehung herrschte. Wird die sonst unempfindliche
Hand einer Hysterica durch den elektrischen Strom empfindlich
gemacht und mit einem Gegenstand in Berührung gebracht, so
kann das Gedächtnis des Objektes so lange schlummern, bis von
neuem der elektrische Strom den gleichen Sensibilitätszustand erzeugt. (Janet a. a. O. S. 99.) Die einzelnen Sinne aber besitzen verschiedenen Wert für die verschiedenen Menschen: daher
ist auch die Erinnerung bei dem einen mehr an den Gesichtssinn,
bei dem anderen an den Gehörsinn, bei dem dritten besonders
an den Muskelsinn geknüpft.

Es ereignet sich manchmal, dass Personen, besonders sobald
sie mittelst der magnetischen Striche hypnotisiert worden sind, in
eine Lethargie verfallen, in der sie weder ihre Gliedmassen be-

*) Hering, Über das Gedächtnis als eine allgemeine Funktion der
organisierten Materie. Wiener Akademie-Schriften, 30. Mai 1870, S. 170.

wegen können, noch eine Schmerz- und Berührungsempfindlichkeit
zeigen. Angenommen, die Person gehörte zu den „motorischen
Menschen", so ist ersichtlich ein Riss in ihrem Seelenzusammen-
hang entstanden: Vorstellungen geläufigster Art, Vorstellungen, die
kurz vorher thätig waren, können jetzt nicht reproduziert werden,
weil das Häkchen nicht funktioniert, an dem sie sich sonst heraus-
heben liessen. Ein vornehmlich auf das Sehen angelegter Mensch
wird besonders durch den Augenschluss beim Beginn der Hypnose
beeinflusst werden. Wir wissen aus der alltäglichen Erfahrung,
wie leicht man bei geschlossenen Augen in einen Traumzustand
mit darauffolgender Amnesie gerät: ein Phantasiespiel läuft ab,
dessen Inhalt bei der Wiedereröffnung der Augen verflogen ist.
Die vergleichende Anatomie zeigt auch, zu welcher Bedeutung die
ursprüngliche Schutzeinrichtung der Lider und der Wimpern bei
den Landtieren erwachsen ist, indem sie einen Abschluss gegen
die Aussenwelt, Ruhe des Centralnervensystems und Periodizität
von Schlafen und Wachen ermöglicht; eine Veränderung dieser
sensorischen Verhältnisse wird eine Veränderung im Gedächtnis
nach sich ziehen können. Dasselbe tritt endlich bei teilweiser
Unempfindlichkeit des Gehörs ein. Im eifrigen Gespräch hört man
bloss die Stimme des Partners (Rapport) und es verschwinden die
Äusserungen der übrigen Anwesenden nicht nur aus dem Apper-
zeptionsumfang, sondern auch aus der Erinnerung, so dass der
Betreffende plötzlich erstaunt fragt: „Mein Gott, Sie sind auch
noch hier? Ich hatte das ganz vergessen."

Also: da mit der Hypnotisierung stets eine Veränderung der
Empfindlichkeits-Verhältnisse gegeben ist, tritt stets eine Ver-
schiebung der Erinnerungsreihe ein, wobei freilich festgestellt werden muss, dass die genannte Ursache wie ihre Wirkung innerhalb der engsten Grenzen bleiben kann. Leichte Hypnosen
zeigen nur für den geübten Beobachter Spuren solcher Erscheinungen. Die Versuchspersonen, seien sie nun durch suggestive
Reizung oder Lähmung eines Sinnes beeinflusst, fühlen sich lediglich
„etwas anders als sonst" und bezeichnen den neuen Zustand meist
mit dem für Veränderung der Bewusstseinslage ihnen geläufigsten
Ausdruck des „Schlafens". Vertieft sich der Schlaf, so tritt

— 72 —

Suggestibilität ein. Janet erklärt sie durch Ausfall der hemmenden Vorstellungen, indem er fälschlicher Weise die anfängliche Wirkung für die Ursache ansieht. Bei den ersten Hypnosen pflegt es einen harten Kampf zu kosten, ehe die vom Operator eingegebenen Ideen den Sieg davontragen, und als Zeichen dieses Sieges muss das Vergessen der entgegenstehenden Vorstellungen aufgefasst werden. Brown-Séquard hat hierauf seine Inhibitionstheorie der Hypnose gegründet. Immerhin hat die früher besprochene Verengerung des Bewusstseins eine Verdunkelung gewisser Partien zur Folge, und so darf man vielleicht den folgenden Mittelweg betreten: eine Suggestion entwickelt sich, bald weil sie auf kein Hindernis ihrer Entfaltung stösst, bald weil sie das Hindernis niederzuwerfen vermag. Auch für die posthypnotische Suggestion liessen sich ähnliche Zusammenhänge aufdecken; ich erinnere beispielsweise an die berichtete Thatsache, dass die Versuchsperson eine während der Hypnose fortsuggerierte Person nach dem Erwachen zwar sieht, aber manchmal nicht erkennt, nicht zu benennen weiss. Wie in diesem Einzelfall, so scheint also ganz allgemein Amnesie auf Anästhesie zurückzuführen. Und wenn man den vielbesprochenen Rapport als eine teilweise Anästhesie auffasst und in ihr die Unterlage der Amnesie erblickt, so würde man tiefe Hypnosen solche nennen können, die durch Rapport und Amnesie ausgezeichnet sind.

Wir resumieren. Die Thatsache des Seelenlebens, die wir, ohne feinere Unterscheidung, gemeinhin als Gedächtnis oder Erinnerung bezeichnen, findet sich sowohl in den zu persönlicher Synthese zusammengefassten Bewusstseinsinhalten, als auch in den übrigen Empfindungsmassen vor. Das Gedächtnis des Unterbewusstseins ist durch den Wahrnehmungscharakter und durch die verhältnismässige Zusammenhangslosigkeit der Vorstellungen bestimmt, sofern wir mit dem Ausdruck „Unterbewusstsein" jede Synthese ausschliessen. Aber eben die Untersuchung der Erinnerungsverhältnisse lehrt, dass mehrere und unterschiedene Synthesen nacheinander und nebeneinander bestehen können. Bei den Hysterischen — das Wort im weitesten Sinne genommen — liegt es geradezu so, dass das wachbewusste Gedächtnis nur einen

Ausschnitt aus der Summe der Erinnerungen bildet. Und zwar entscheidet hierbei der Umstand, dass der Symptomenkomplex wesentlich aus Mängeln innerhalb der Sinnesgebiete gebildet ist. Da an das Oberbewusstsein eine weit geringere Anzahl von Reizen gelangt als an die untere Sphäre, so bilden sich zwei verschiedene Erinnerungskreise, die meist konzentrisch, seltener exzentrisch liegen. Überhaupt besteht eine enge und ständige Verbindung zwischen dem allgemeinen Zustande der Empfindlichkeit und dem Zustande des Gedächtnisses.

VII.

Wir haben bisher drei elementare Thatbestände des seelischen Lebens betrachtet: Bewusstsein, Empfindung-Bewegung, Gedächtnis. Jede Erörterung hat uns gelegentlich auf ein seit Jahrhunderten heiss umstrittenes Problem hingewiesen, auf das Problem der Persönlichkeit, das in gewissem Sinne als eine Summe aus jenen drei Faktoren bezeichnet werden kann; denn die Ich-Vorstellung besteht für die Theorie letzten Grundes aus Empfindungen und setzt ein Bewusstsein und ein Gedächtnis voraus.

Psychogenetische Theorien pflegen zwar nicht mehr wie früher den Tieren jedes Selbstbewusstsein abzusprechen, aber noch jetzt eine solche Fähigkeit auf die höher entwickelten Tiere mit ihren individuellen Eigentümlichkeiten und ihrem persönlichen Gedächtnis zu beschränken. Für das Auftreten einer die Empfindungen verbindenden Ich-Vorstellung sei mindestens das Vorhandensein eines nervösen Centrums nötig. Indessen die meines Erachtens nicht widerlegten Beobachtungen Eimers[*]) an *Aurelia aurita* und *Cyanea capillata* lehren, dass selbst so niedere Geschöpfe wie die toponeuren Medusen in den die rhythmischen Kontraktionen anregenden Zonen (a. a. O. S. 18) den Hauptteil eines centralen Nervensystems besitzen (S. 246). Diese lokalisierten Centralapparate bilden sich, sobald höhere Sinnesorgane und das Vermögen der Ortsveränderung entstehen — übrigens wiederum ein Beweis für

---

[*] Th. Eimer, Die Medusen, physiologisch und morphologisch auf ihr Nervensystem untersucht. Tübingen 1878.

die enge Zusammengehörigkeit von Seelenleben, Empfindung und Bewegung. Das Seelische scheint dem Körperlichen voranzugehen; so weist E i m e r nach, „dass die Entstehung quergestreifter Muskulatur bei den Medusen wie in der ganzen Tierreihe offenbar nur einem höheren Grade der Thätigkeit den Ursprung verdankt. Überall, wo diese Thätigkeit eine sehr bedeutende ist, mag sie eine willkürliche oder unwillkürliche sein, tritt Querstreifung auf". Wir müssen also einerseits sehr vorsichtig mit der Bindung des Seelischen an vorhandene physiologische Mechanismen sein, anderseits auch den unentwickelten Tieren eine Personalität der Möglichkeit nach zuerkennen. Hinzu kommt, dass auf dem Gebiete der Tierpsychologie Unklarheit und Widerspruch herrschen*). Demgemäss werden wir von biologischen Theorien der Persönlichkeit fürs erste kaum einen Nutzen erwarten können. Auch die Beobachtung des Kindes während der Erziehung gewährt, wie W u n d t richtig hervorgehoben hat, geringe Aufschlüsse.

Es bleibt also bloss übrig, das Selbstbewusstsein als ein Gegebenes hinzunehmen, das irgendwie und irgendwann in dem Zusammenhang des Seelenlebens auftritt. Nur soweit die Entstehung der einzelnen Bestandteile dieser psychischen Thatsache in Betracht kommt, werden wir der Vermutungen nicht entraten können; sonst mag sich die Analysis mit den Daten der inneren Erfahrung begnügen. An einem gewissen Punkte werden dann die Ergebnisse der experimentellen Pathopsychologie eingreifen.

Freilich, der Anfang ist das Schwerste. Liegt doch der Grund für die meisten psychologischen Streitigkeiten in einer Meinungsverschiedenheit über das, was in uns vorgeht, und die zahlreichen Theorien der Persönlichkeit als seelischer Thatsache unterscheiden sich vor allem dadurch, dass dem aus der inneren Erfahrung abgezogenen Begriff bald diese, bald jene Bedeutung untergelegt wird. So trifft der übliche Ausdruck, gewisse Vorgänge würden von dem Bewusstsein des Aktes begleitet, wohl kaum das Richtige,

*) Das Neueste und Bedeutendste über diesen Gegenstand findet man wohl in R o m a n e s, G. J., Die geistige Entwicklung im Tierreich. Nebst einer nachgelassenen Arbeit: „Über den Instinkt", von Ch. D a r w i n. Leipzig, E. Günthers Verlag.

weil dadurch künstlich etwas zerlegt wird, was unbedingt zusammengehört. Der Mensch besitzt nicht zwei Seelen, eine, in der sich Vorgänge abspielen, und eine andere, in der diese Vorgänge beobachtet werden. Aber dem schiefen Ausdrucke liegt eine richtige Erkenntnis zu Grunde. Eine Anzahl bewusster innerer Vorgänge hat gewissermassen eine besondere Färbung, die — ebenso wie die Klangfarbe durch kaum bemerkte Obertöne entsteht — auf accessorische Begleitvorgänge zurückgeführt werden muss. Wodurch ein sog. selbstbewusster Akt sich von dem bloss bewussten unterscheidet, ist neben einer Intensitätserhöhung vornehmlich das Hinzutreten Interpretativer Empfindungen zu der Hauptempfindung: sie stellen eine unsichtbare, aber feste Kette zwischen den Hauptvorgängen her und verleihen ihnen dadurch das Merkmal der Zusammengehörigkeit unter sich und zu einem Ich-Mittelpunkt. So bleibt die persönliche Synthese stets in Abhängigkeit von der Summe der nicht zum Selbstbewusstsein zusammengefassten Bewusstseinsinhalte. In Zuständen der Katalepsie und des Stupor existiert also mutmasslich keine Personalität in diesem Sinne, weil der Zufluss der associierenden, interpretierenden Gebilde fehlt. Pierre Janets Versuchsperson Léonie erinnert sich einmal der Handlungen während der Katalepsie mit den Worten: „Ich hatte die Hände so . . . ich war aufgestanden . . .. dann auf den Knieen . . . ich machte also mein Gebet . . . wie dumm ich war" (a. a. O. S. 38). Obwohl demnach diese Handlungen dem Beobachter zusammenhängend erschienen sein müssen, herrschten in dem Geiste der Kataleptischen nicht die Beziehungen der Ähnlichkeit, Verschiedenheit und Zweckmässigkeit, welche von englischen Psychologen richtig als Merkmal des Selbstbewusstseins aufgestellt worden sind; es gab bewusste, aber klanglose Empfindungen *) und niemand sagte sich: „Ich empfinde." Es folgten Akte aufeinander, die jeweils erinnert und aneinander gereiht wurden, die indessen aus Mangel an kittendem Stoff nicht

---

*) Sie werden vortrefflich geschildert von dem in Deutschland noch lange nicht genug gewürdigten Maine de Biran. Vgl. *Journal intime* S. 139 und *Oeuvres inédites* II, 11—19; III, 397.

so fest zusammenwuchsen, dass eine Synthese, eine Centralisation zur Persönlichkeit, ein Einheitsurteil entstehen konnten.

In der bisherigen Darstellung des Unterschiedes von Bewusstsein und Selbstbewusstsein war absichtlich von Empfindungen, nicht von Vorstellungen die Rede. Die seelische Thatsache der Persönlichkeit nämlich erstreckt sich keineswegs bloss auf die in intellektuellen Formen ablaufenden Vorstellungen, sondern ebenso gut auf das den lebendigen Menschen erfüllende Bündel der Triebe und Gefühle. Die Willenshandlung ist auf einen Mittelpunkt gerichtet, um den sich Werte gruppieren: sie folgt dem dort wurzelnden Triebe der Selbsterhaltung, der die Personalität jedes Einzelnen beherrscht. Und die Gefühle sind von einem beharrenden Grundton durchzogen, der im Selbstgefühl am deutlichsten zum Ausdrucke gelangt. Aber allen diesen Vorgängen des Seelenlebens liegt die unaufgeklärte Fähigkeit der Elemente: sich zur Einheit zu organisieren, zu Grunde. Vier Eigenschaften sind es, die wir den psychischen Elementen als ursprüngliche zuerkennen müssen, weil ihre Ableitung auseinander oder aus einer allgemeineren Eigenschaft bis jetzt nicht gelungen ist: Bewusstsein, Irritabilität (Empfindung-Bewegung), Gedächtnis, Vermögen einheitlichen Zusammenschlusses (Voraussetzung der Persönlichkeit). Kant hat ganz Recht, dass die letzte Eigenschaft — von ihm als synthetisches Vermögen auf die Sphäre der Intelligenz beschränkt — die Vorbedingung aller Erfahrung ist, aber dasselbe gilt von den drei anderen Eigenschaften. Kommt nämlich, wie wir glauben, der Zusammenhang des Selbstbewusstseins wesentlich durch die verschwiegene Mithilfe inkohärenter Empfindungsmassen zu Stande, so bleibt doch eben eine unauflösbare Voraussetzung, dass die Inhalte sich ähnlich so zusammenschliessen können wie die Zellen im einheitlichen Organismus. Zur Verständlichung braucht freilich keine seelische „Lebenskraft" herbeigeholt zu werden. Immerhin darf eine Beschreibung der seelischen Urbestandteile die Eigenschaft — sich miteinander zur Einheit zu verbinden — in der Aufzählung nicht vergessen. Gewinnen doch derartige Hypothesen ihren Wert bloss dadurch, dass sie mit der augenblicklich geringsten möglichen Anzahl unbekannter Grössen operieren.

Die Zustände unseres Bewusstseins, die in der oberen Sphäre synthetisiert sind, verdanken ihre einheitliche Verbindung also erstens dem Zufluss aus den dunklen Werkstätten der Seelentiefe, zweitens der ursprünglichen Eigenschaft der Empfindungen zur Synthese, die durch den Zufluss lediglich aktuell wird. Diese Thatsache haben wir bisher abwechselnd Selbstbewusstsein und Persönlichkeit genannt. Jedoch sehen wir auf den ersten Blick, dass die geschilderte Thatsache weder den Namen des Sichselbstbewusstwerdens, noch den der Persönlichkeit verdient, insofern wir unter letzterer den Körper samt seinen Erfahrungen begreifen Was den ersten Punkt betrifft, so ist es eben verkehrt, zwei Seelen ineinander zu stecken, von denen die eine der anderen bewusst wird. Methodologische und praktische Rücksichten fordern, die Anlage zur Vereinheitlichung in den Bewusstseinselementen selbst zu suchen und die Bedingung ihrer thatsächlichen Äusserung festzustellen, — damit ist zunächst dem theoretischen Bedürfnis genügt. Die weitere Frage, ob aus logischen Gründen der Synthese ein Substrat in der Form eines unteilbaren Ich untergelegt werden muss, gehört überhaupt nicht in die Psychologie, sondern als ein Gegenstand der Prinzipienlehre in die Philosophie der Psychologie. Die Psychologie als Erfahrungswissenschaft vermag hierüber keinen Aufschluss zu gewähren.

Was nun den zweiten Punkt betrifft, so handelt es sich nicht um die Centralisation des Seelenlebens, sondern um einen bestimmten seelischen Komplex, den man „Persönlichkeit" zu nennen pflegt. Obwohl beide Dinge gar nichts miteinander zu thun haben, wurden sie doch bisher fast immer durcheinander geworfen. Selbst-bewusstsein kann nur besagen wollen, dass gewisse, durch eine besondere Tonfärbung charakterisierte Empfindungen samt ihren Erzeugnissen (Vorstellungen, Gefühlen, Trieben) sich gewöhnlich zu einer Einheit zusammenschliessen, einer Einheit, die allenfalls philosophisch mit „Selbst" oder „Ich" bezeichnet werden kann. Grundverschieden von dieser allgemeinen Anlage ist der besondere psychische Komplex „Persönlichkeit", dessen Entstehung und Zusammensetzung so häufig beschrieben worden ist.

Anfänglich fliessen Aussenwelt und Eigenkörper ineinander

über. Dann sondern sich, wie die Kindespsychologie lehrt, die
Dinge von den Gefühlen, die durch die Objekte hervorgerufen
werden, und die unbeeinflussbaren Dinge von den eigenen Gliedern,
deren Bewegungen jedem Impuls den erwarteten Gehorsam leisten.
Was aber nicht immerfort mit dem Bewusstsein in Verbindung
steht und nicht gleichmässig vom Bewusstsein aus beherrscht werden
kann, die Aussenwelt also, das besitzt kein so starkes Interesse
für die erwachende Seele, wie der nunmehr mit grösster Aufmerksamkeit als etwas Einzelnes herausgefundene Körper. Der Leib
grenzt sich ab und wird zum Mittelpunkt einer seelischen Thätigkeit, die bald einen stark bewussten Selbsterhaltungstrieb hervor-
zubringen vermag. Andere Gruppen folgen nach, und so tritt ein
immaterielles System an Stelle des rein organischen Gemeingefühls:
die anfangs peripherische Persönlichkeit zieht sich in das Innere
hinein. Sobald die Entwickelung an diesen Punkt gelangt ist,
treten zwei sehr wichtige Erscheinungen auf, nämlich das Bewusstsein eines Zwanges, der uns von Seiten der Aussenwelt durch die
Eindrücke angethan wird, und das Bewusstsein des Widerstandes,
den wir als handelnde Wesen bei den Objekten erfahren.*) In
dieser Spannung, in dieser ständigen Anstrengung liegt der Kern
des den Menschen durchströmenden Lebensgefühls. Auf dieser
Grundlage baut sich in langsamer Entwickelung mit Hilfe der
Erinnerung ein Gewebe von Vorstellungen, Gefühlen, Trieben als
einer durch die Körperausdehnung begrenzten Persönlichkeit auf.

Der so bedingte seelische Zusammenhang ist gänzlich
von der Seelenfähigkeit verschieden, irgend welche Inhalte zur
Einheit zusammen zu fassen. Trotzdem besteht in Wirklichkeit
eine unaufhörliche Wechselwirkung zwischen ihnen beiden, und
das ist die Veranlassung gewesen, Selbstbewusstsein und Persönlichkeit gleich zu setzen. Wenn nämlich eine Reihe von Zuständlichkeiten synthetisiert ist, so wird die neu entstandene Einheit
naturgemäss auf den stets bereiten Komplex der erst körperlichen,
dann auch seelischen Persönlichkeit bezogen. Der Vorgang des
Innewerdens von psychischen Prozessen knüpft sich mit Vorliebe

*) Vgl. Lipps, Grundthatsachen des Seelenlebens, S. 408.

an die Persönlichkeit an, und unter der Voraussetzung einer einzigen Synthese und einer unwandelbaren Vorstellung von der Persönlichkeit würde dieser Zusammenhang keiner weiteren Erklärung bedürfen. Die Voraussetzungen treffen jedoch nicht zu: weder existiert immer und bei allen Menschen eine einzige psychische Synthese, noch bleibt der Erfahrungskomplex, den wir als Persönlichkeit bezeichnen, stets derselbe. Da über den ersten Punkt bereits früher gesprochen wurde, wenden wir uns jetzt dem zweiten zu.

Metaphysische Untersuchungen über die Persönlichkeit haben sie mit dem Substanzbegriff in Beziehung gesetzt und aus dieser unnötigen und nichts erklärenden Beziehung dann mit einer gewissen Notwendigkeit auf die Einheit der Personalität geschlossen. Indessen lehrt schon die alltäglichste Erfahrung, dass von einer streng einheitlichen Kontinuität nicht die Rede sein kann; denn abgesehen von den periodischen Unterbrechungen durch Schlaf und Krankheit verändert sich die Summe der Erlebnisse, die als „Persönlichkeit" in den Reigen eintritt, von Jahr zu Jahr. Wie oft ruft man aus: „Das habe ich gethan?!" Wie oft gesteht man sich, dass man durch langdauernde Einflüsse irgend welcher Art ein ganz anderer Mensch geworden sei! Nein, die eigene Vorstellung des Individuums von seiner inneren Persönlichkeit schwankt durchaus und hat nichts zu thun mit dem gleichbleibenden Innewerden von Akten, wie es durch die Erinnerung an vorangegangene Akte und durch die Mitarbeit der nebenher laufenden Empfindungen zu Stande kommt. Die Psychiatrie kennt Fälle, in denen die Bewusstseinsfunktionen normal sind und jeder seelische Vorgang mit voller Schärfe aufgefasst wird, in denen aber der Kranke alle die seine Persönlichkeit bildenden Erlebnisse und Erinnerungen nicht als die seinigen anerkennen will. Ein solcher Kranker behauptet, er habe kein Ich. Wir würden sagen müssen: der Patient besitzt zwar Selbstbewusstsein, aber keine Persönlichkeit — wenn anders wir der an sich natürlich unrichtigen Wahnvorstellung einen genauen Ausdruck geben wollten.

Der Personalitätskomplex wechselt nun nicht bloss im zeitlichen Verlauf gemäss der Fortentwickelung des Charakters, sondern er entbehrt auch innerhalb kleinster Zeiträume, fast möchte man

sagen: in jedem Augenblick der Einheit. Dass alle seelische
Individualität die grössten Gegensätze in sich birgt, weiss jedermann; die „zwei Seelen in einer Brust" bezeichnen sehr schön
das Nebeneinandersein unvereinbarer Triebe in dem Persönlichkeitsaggregat. Die Widersprüche mit sich selbst, denen kein Mensch
entgeht, die unlogischen Handlungen erklären sich hieraus und
aus dem Umstande, dass mit dem Vorherrschen einer Neigung
zugleich Vergessen der entgegenstehenden einzutreten pflegt. Ist
letzteres nicht der Fall, so tritt der charakterbildende innere Kampf
ein, der die Struktur der Persönlichkeit gleichmässiger zu formen
sucht; zumal wenn zwei wichtige Komponenten, etwa Eigenliebe
und Nächstenliebe, aneinander prallen, ist der Erfolg ein Fortschritt in der Vereinheitlichung der inneren Personalität. Eine
völlige Einheitlichkeit wird jedoch niemals im menschlichen Leben
erreicht; es scheint vielmehr der als Persönlichkeit aufgefasste
Komplex zu einer Zerspaltung zu neigen. Wir gelangen somit
hier zu einem ähnlichen Ergebnis, wie in der Untersuchung der
dem Selbstbewusstsein zu Grunde liegenden seelischen Synthese,
denn auch diese kann sich zerlegen und zu einer doppelten oder
mehrfachen Centralisation innerhalb der Seelenwelt führen. Die
Erfahrungssumme, die in den erworbenen Zusammenhang als Bild
unseres eigenen Wesens eintritt, bleibt sich nie völlig gleich, und
so kann es geschehen, dass sie bei der einen Gelegenheit überwiegend Elemente enthält, die bei einer anderen Gelegenheit
gänzlich fehlen, dass also eine Mehrheit von Persönlichkeiten
in demselben psychologischen Organismus entsteht. Leibniz
sagt einmal in den *Nouveaux Essais*, einen Lockeschen Gedanken
aufnehmend: „Wenn wir voraussetzen könnten, dass zwei unterschiedene und getrennte Bewusstseine wechselweise in demselben
Körper handeln, das eine während des Tages, das andere während
der Nacht, so frage ich, ob in diesem Falle der Mann des Tages
und der Mann der Nacht nicht zwei ebenso verschiedene Personen
wären, wie Sokrates und Plato." Nun, der *homo duplex* der
Hysterischen liefert eine bejahende Antwort auf diese, übrigens
ungenau formulierte Frage. Nicht minder deutlich die Erfahrungen
an Geisteskranken. Jaffé berichtet von einem gewissen D . . .,

der die moralisch guten und moralisch schlechten Faktoren seiner
Persönlichkeitsgruppe so wenig miteinander zu verquicken verstand, dass er sich in den guten D . . . und den schlechten D . . .
teilte und folgerecht den letzteren durch einen Selbstmord zu
töten versuchte. L. E. Dumas hat einen Irren beobachtet, bei
dem gleichfalls ein Teil der „Persönlichkeit" von dem ganzen
Komplex losgelöst und einem fremden Tyrannen zugeschrieben
wurde. Das ist die zweite Stufe einer Entwickelungsreihe, deren
Anfänge in dem fremdartigen Auftauchen mächtiger, z. B. ge-
schlechtlicher, seit der Pubertät in die Persönlichkeit aufgenommener
Begierden liegen. Eine dritte Stufe fügt zu der Ablösung und
eigenmächtigen Centralisierung gewisser Persönlichkeitselemente die
halluzinatorische Versinnlichung der zweiten Personalität hinzu. In
dieser Beziehung ist eine Mitteilung des französischen Psychiaters
Ball so lehrreich, dass ich einen Auszug aus ihr nicht gut entbehren kann. Ein Patient S . . . hört nach einer langen Ohn-
macht eine Stimme fragen: „Geht's heute besser?" Er antwortet
kurz, weil er glaubt, es sei jemand in der Nähe versteckt. Am
nächsten Tage dasselbe Spiel; der Patient sucht vergebens nach
dem vermeintlich Versteckten und fragt endlich: „Wer sind Sie?"
„Monsieur Gabbadge," versetzt die Stimme und beginnt eine
längere Unterhaltung, in der sie sich einer Anzahl von Faktoren
bedient, welche bisher mit der „Persönlichkeit" des Kranken nie
recht harmoniert hatten. Einige Tage später erscheint dem S . . .
der geheimnisvolle Fremde, und zwar so deutlich, dass er jeden Zug
des Gesichtes und jede Falte des Anzuges beschreiben kann. Damit
hat die Zerspaltung der Persönlichkeit ihren Höhepunkt erreicht.

Eine ähnliche Zerlegung der Persönlichkeit kann nun die
Hypnose bewirken. Aus den veränderten Empfindlichkeitsverhält-
nissen während des hypnotischen Zustandes erwachsen neue organische Gefühle, welche bloss bei Erneuerung des Zustandes wieder-
kehren und so den Boden für die Entwickelung einer zweiten
Personalität vorbereiten. Die gesonderte Gedächtniskette des
magnetischen Schlafes liefert weitere Bausteine, und die frisch
gebildete Synthese des Unterbewusstseins verleiht dem Ganzen die
verhältnismässige Einheitlichkeit. So entsteht ein wahrhaftes Doppel-

Ich, dessen Wirksamkeit Pierre Janet (a. a. O. S. 305—345) und andere so ausführlich und zutreffend beschrieben haben, dass ich mir eine Wiederholung ersparen kann. Nur darauf möchte ich hinweisen: die künstliche Schöpfung eines zweiten Persönlichkeitskomplexes schadet nicht nur nicht den Versuchspersonen, sondern hat sich im Gegenteil als ein therapeutisches Mittel für nervöse Leiden bewährt. Und dass die übliche Redensart: durch den Hypnotismus würde das „Selbstbewusstsein" der Versuchspersonen getrübt, keinen Sinn besitzt, glaube ich nachgewiesen zu haben.

Will man diesen Dingen noch weiter nachgehen als es hier geschehen konnte, so sieht man sich immer wieder auf die gewissenhafte Einzelforschung angewiesen. Denn sicherlich müssen wir gegenwärtig der genauen Beschreibung des Einzelnen den Vorzug geben vor einer meist mit erstaunlicher Kühnheit durchgeführten Erörterung oberster Gattungsbegriffe. Aber gerade an der sorgsamen Aufzeichnung des Besonderen mangelt es noch. Auch die Hypothese des Doppel-Ich ist eine verallgemeinernde Abstraktion aus zahlreichen Beobachtungen, von denen vielleicht jede ihre besondere Erklärung verlangt. Und von solchen Beobachtungen sind die lehrreichsten die, die am unbegreiflichsten scheinen. Hierzu gehören selbst manche Erscheinungen, die das überregsame Völkchen der Spiritisten mit dem Flittergold seiner Phantastik ausgestattet und aller Welt als Geisteroffenbarung angepriesen hat; für das „mediumistische" Schreiben liegt wohl der genügende Nachweis vor. Daher nichts unberechtigter, nichts antiwissenschaftlicher, als die ängstliche Scheu vor diesem Gebiete, zumal in unseren Tagen, wo man dieselbe Taktik dem Hypnotismus gegenüber glücklicherweise aufgegeben hat. Die verschlungenen Gänge in dem unterirdischen Bergwerk der Seele erstrecken sich so weit, dass man vor scheinbar abenteuerlichen Entdeckungen keineswegs sicher ist, und sie enthalten so reiche Schätze, dass man einen jeden Psychologen zur Mitarbeit heranziehen und ihm zurufen möchte:

„Nimm Hack' und Spaten, grabe selber!"

www.ingramcontent.com/pod-product-compliance
Lightning Source LLC
Chambersburg PA
CBHW031452270326
41930CB00007B/962